JN035463

非正規介護職員ヨボヨボ日記

当年60歳、排泄も入浴もお世話させていただきます

真山剛

まえがき——想像をはるかに超えた景色

介護職は最後の手段、という人がいる。

どうしても仕事が見つからない場合、仕方なく就く職業という意味だ。

私はハローワークの紹介で半年間、介護職員養成（介護職員初任者研修）スクールに通い、修了後56歳で介護の世界に入った。クラスには70歳の同級生もいて今でもつきあいがある。

それ以前は、デザイン事務所、建設コンサルタントの役員、環境商材の施工会社経営などさまざまな仕事をやってきた。居酒屋2店舗のオーナーだったこともある。広告代理店で広告取りの営業もした。自作の絵画を売って生活していた時期もある。

つまり、多くの職歴や失敗を経て仕方なくこの仕事に就いたわけだ。

恥ずかしながら私は、ひょんなことから40代後半から小説の執筆を始め、まぐれで小さな文学賞*もいただいた。その後も惰性で執筆を続けていたが、納得がいかず途中で投げ出した作品も多い。

そんなとき、この「日記シリーズ」を知った。著者はみな、自分と同じ中高年の方ばかり。すぐに最初の3作を入手し読んだ。

行間からにじみ出る哀愁、生活感、そして人間のたくましさ、したたかさ。机上でアイデアをこねくり回し、ウケだけを狙っていた自分の作品に欠けていたものがここにある、と思った。それは現実の体験に裏打ちされた「実感」。

彼らに触発され、私も今の仕事の「実感」を表現したいと強く思った。

私が養成スクールで取得した介護職員初任者研修という資格は厚生労働省認定の公的資格であり、以前のヘルパー2級に相当する。

この業界では、いちばん下っ端に属し、利用者のお世話係程度の仕事だ。キャリアもまだ4年で、未熟な私が介護について述べるのは甚だおこがましいが、ただ底辺から見えてくる景色を私なりにお伝えしたいと思った。

実際、介護の世界は想像をはるかに超えた、汚く危険で、きつい世界だった。これに「給料が安い」を追加して「介護職の4K」ともいわれている。

小さな文学賞
九州地方のある文学賞。賞金が目当ての応募で、まさにまぐれの受賞だった。受賞作を読んだ地元の文章教室の講師から、素人の文章だけど、今まで建設現場を題材に書く人がいなかったから珍しがられたのでしょうね、と皮肉を言われた。たしかにそのとおりだったかもしれない。

排泄物の処理はもとより食事の介助、入浴や着替えなど身の回りの世話をする。ほとんどの職員がまじめで献身的に従事しているにもかかわらず、利用者に噛みつかれたり、泥棒呼ばわりされることもある。

離職率も高い。* 女性が主体の職場であることから人間関係のもつれからくるストレスや、腰痛などの体調不良で職場を離れる人も多い。

これだけ次々とマイナス面を掲げることのできる介護の仕事、それなのに私は今も介護ヘルパーを続けている。

だからといって、この仕事に生きがいを感じ始めた、なんてことはまったくない。私もまもなく高齢者の仲間入りをする。これからの己の行く末を彼らから、良きにつけ悪しきにつけ学ばされている気がする。

ここでの老人たちのありようは人生の縮図。* 多様な生きざまを見せつけられている。

人手不足の業界だから中高年でもどうやら介護職なら就けそうだな、でもやっぱり腰が引けるな、などと考えたことのある人も多いだろう。「絶対無理」と一言で片づける人もいるに違いない。あるいは、すでに介護職に就いていて、物憂

離職率も高い
私の勤める施設では、職員はつねに8名前後だが、1年に3人程度の割合で辞めていったので4年間で12名ほどが離職した。みなまじめで優しい人たちだったが、それゆえギスギスした人間関係がつらかったのだろう。

人生の縮図
介護の現場で、認知症になった人のそれまでの生き方を想像することがある。認知症になると理性のタガがはずれ、その人の本性が現れる。自分がそうなったときを考えると不安になる。

いを胸に忍ばせながら仕事に従事している人がお読みになるかもしれない。

閉ざされた介護施設で、繰り返される悲喜こもごも。それに翻弄される日々。

介護については、小説や映画*、エッセイや漫画など数多《あまた》の作品がある。今さら手垢のついた話かと思われるかもしれないが、本書はそれらとは少し趣を異にする。

最後まで読んでいただければ、なぜ私がこの仕事を続けているのか、少なからずご理解いただけるのではないかと思う。

本書に描かれたエピソード*のどれか一つでも、読んでくださった方々の心に残せたなら、さらに介護現場の実態やそこで働く者の現状をご理解いただけたならば、それだけで幸いである。

映画
ボケを肯定的にとらえた「ペコロスの母に会いに行く」で認知症の老婆を演じた赤木春恵（当時88歳）は、世界最高齢で映画初主演女優としてギネスに認定された。この作品の監督も認知症の診断を受けながらも撮影を続けていたという。介護の仕事に興味のある人は観て損はない。

本書に描かれたエピソード
すべて私の実体験であるが、登場する人物はすべて仮名とさせていただいた。また私は今も現役の介護職員であるため、一部、所在地などもぼかしてある。

非正規介護職員ヨボヨボ日記◉もくじ

まえがき――想像をはるかに超えた景色

第1章 流れ流れて、介護職員

某月某日 「さっさとやれよ」：介護ヘルパーは奴隷か？ 12
某月某日 隠す老女：隠したことすら忘れてしまう 18
某月某日 人間不信：裏表のある人 23
某月某日 相性：どうしても好きになれないタイプ 30
某月某日 養成スクール：70歳の新入生 35
某月某日 「ここ絶対やめたほうがいい」：面接担当者はそう言った 41
某月某日 タブー：「暗黒の時代だったのよ」 50
某月某日 夜勤のほうが好き：真夜中の入居者たち 55
某月某日 不思議な体験：入居者が亡くなって… 59
某月某日 モンスターファミリー：私の財産になった「笑顔」 64

第2章 私の〝ホ〟がない生活

某月某日 セクハラ：〝夜〟と〝アッチ〟の話 72
某月某日 ヨボヨボ：射し始めた光の中に 76

某月某日 濡れ衣：人の噂も四十九日 80
某月某日 お葬式：泣く職員、泣かない職員 84
某月某日 ホがない一日：「いいや、なんもせんかったよ」 89
某月某日 職業病：お年寄りが気になって仕方ない 94
某月某日 毎日、死化粧：１００歳のつぶやき 96
某月某日 自慢話：「個人の尊厳と価値」を守るために 100
某月某日 占い師：なぜ占いが当たるのか？ 108

第3章 すぐ辞める人、まだ辞められない人

某月某日 ズルイ仕事：よい施設の見分け方 118
某月某日 １週間で辞めた：「僕、無理な気がします」 126
某月某日 口癖：ありがとうの人、ごめんなさいの人 135
某月某日 赤ちゃん言葉：子ども扱いの弊害 141
某月某日 意地悪：ターゲットはいつも若い女性職員 144
某月某日 なぜ逃げる：ただ逃げたかった 147
某月某日 ババアは盗む、ジジイは…：男と女は脳の構造が違う 151
某月某日 寄せ書きの涙：「私、いい人？」 155
某月某日 羞恥心：まるで女学生のような 160

某月某日　ウソのテクニック：「あんた、泥棒なの？」　163

第4章　底辺からの眺め

某月某日　失禁とプライド：励ましの作り話　168
某月某日　三大欲求：最後の晩餐を何にするか　173
某月某日　×××に刺青：人は見かけによらぬもの　177
某月某日　奇妙な訪問者：認知症か、それとも…　181
某月某日　施設選び：入る側と受け入れる側の視点で　185
某月某日　コロナなべの中には：思いもよらぬ逆転現象　189
某月某日　「先生」と呼ばれて：ホラとホラの間に　193

あとがき——それでもなぜ続けているか　201

装幀◉原田恵都子（ハラダ＋ハラダ）
イラスト◉伊波二郎
本文校正◉円水社
本文組版◉閏月社

第1章 流れ流れて、介護職員

某月某日 「さっさとやれよ」：介護ヘルパーは奴隷か？

「仕事には段取りちゅうもんがあるんだぞ。ホント素人だな、お前」

元左官職人で78歳の加藤さんが厳しい口調で仕事に対するイロハを説く。

といっても彼は、個室のベッドに仰向け状態で横たわり、下半身は完全に丸出し。おまけに失禁しているので防水シーツから濃厚な臭いが立ち昇り、部屋はその臭いが充満している。介護の仕事を始めて、尿の臭いにも個々の特性があることを知った。

今まさに、苦労して尿まみれのリハビリ用パンツ*とパッド*を彼の臀部《でんぶ》から外したところだった。

親族によると、彼は他人に厳しい人物であるらしい。

「真山、さっさとやれよ、コラ」

彼が私の指示どおりに腰を浮かしてくれないので布団に巻きつけた防水シーツ

リハビリ用パンツ
紙でできた下着のようなパンツ。尿取りパッドと併用して使われることが多い。ちょっと目を離すと勝手にこれを水洗便所に流す入居者がいて、その後の処理に苦労した。

をうまくはがすことができない。かといって、ここで勝手に上半身を起こされたり、左右に動かれたら布団まで汚してしまう。

「腕を上げたままもう少し腰を上げてください」

「肝心なことは最初に言えよ」

だからぁー、何度も言っているだろ、と脳内で毒づく。

ようやく彼が腰を浮かし、私がシーツを引っ張ったそのタイミングで「ブッ」。放屁《ほうひ》だ。それも私にお尻を向けた状態で。

わざとやったな。一瞬、頭に血がのぼりかけたが、そんなそぶりはみじんも見せない。元左官職人の口元が小馬鹿にしたように笑った気がした。

彼の陰部や太股に付着した尿を拭きとり、新しいシーツに取りかえ、パッドをはめ、その上から夜用の紙オムツ*をはかせる。ここで大事なことは彼らの前で決して「オムツ」とは言わないことである。あくまでも「パンツ」なのだ。昔の人間にとってオムツは赤ちゃん用という意識があるため、彼らのプライドが許さないのだ。

作業中も加藤さんは「イテッ、しめすぎ」だの、「お前の頭、クサい。漆喰《しっくい》の

パッド
オムツの中に入れる尿取りのための吸収材のこと。日々、改良され、長時間対応型、超薄型などさまざまな商品が発売されている。

紙オムツ
介護職に就くと紙オムツのありがたさが身に染みる。布オムツが主流だった昔の人はたいへんだったと思う。飲みすぎて漏らした経験のある知人は飲みに行く際、親が使っていた介護用の紙オムツを着用すると話していた。

ニオイがする」などと言いたい放題。

この小便たれが、と思いつつも我慢して彼の言に従う。仮にその指摘が見当はずれでもひとまず従うふりをする。

こんなとき、介護ヘルパーは被介護者の奴隷なのか、と自虐的になる。

さらに加藤さんは平然とパンツの中に大便もする。彼の個室に入った瞬間そのことに気づき、さりげなく窓を開ける。

すると、「コラッ、蝿が入ってくるだろうが」と叱られる。

「いまコロナの感染予防で、定期的に部屋の換気が義務付けられているんです」と適当にごまかす。

固い便ならまだしも、軟便だと処理に3倍の時間と手間を要する。

横向きの状態で汚れた陰部を洗浄し、きれいに拭きとり、元どおりにオムツをはかせる。作業用のタオル、トイレットペーパー、新聞紙*、ポリ袋、汚物入れなどは各部屋に常備してある。

大便の処理をしている間、彼は鼻をつまみ顔をゆがめ、まるで私が粗相《そそう》したかのように不機嫌な態度をとる。お前のせいだと言わんばかりに。

新聞紙
汚物を捨てたり、拭いたりする際、古新聞を使う。そのとき、紙面に嫌いなタレントや政治家などの写真が掲載されていたりところがこの奔放な老人がしばらく体調を崩し、まったく怒鳴らなくなった。痩せた体がひとまわり縮んで見えた。

息子の奥さんにその旨報告すると、彼女は心配顔で義父の寝顔をのぞき込みながら「大声で怒鳴ったり、物を投げない義父を見ていると別人みたいで少し寂しくなります」と言う。

「できた嫁さんだよな」と、職員の間でも感心しきりだった。

加藤さんは離婚し、なぜか長男の奥さんが身元保証人で、面会に来るのも彼女ひとりだという。実の子どもたちの話は聞いたことがない。

個人情報保護の観点から、職員といえども利用者の病歴、大まかな経歴程度しか知らされていない。したがって彼の家族やその関係性について私も知らない。この仕事に就いてさまざまな家族のかたちがあるのだと気づかされる。

さて、加藤さんだが、内心このまま別の医療設備の整った施設へ移ってくれればと願ったものだが数日後、部屋に入ると、

「こら、クーラーが効きすぎている」

病み上がりとは思えないほどの大声で言った。

するを、顔の部分で汚物を拭きながら、かすかな快楽を味わう。われながら品性のない人間だと思う。

結局、彼は点滴と投薬で完全復活し、思う存分怒鳴り、失禁する日常に戻ったのだ。

加藤さんの食事介助はたいへんだ。テーブルの周り、彼の足もとにはご飯粒や味噌汁の具が散らばっている。持病のため、箸やスプーンの扱いがおぼつかないのだが、食事の介助だけはなぜか頑《かたく》なに嫌がる人だった。

にもかかわらず、いちいち「汚れている」と文句をつける。そのたびに清掃しなければならず、手が回らないときなどますます彼のボルテージが上がる。

たしかにこの老人は他人に厳しい人だった。

当然ながら、私は息子の奥さんのような気持ちにはなれないと思った。

短気な人間にこの仕事は向かない。自分は短気じゃない、そう自らに言い聞かせる日々。

建設コンサルタントの役員だったころ、理不尽な役所の要求にも平身低頭で対応し、どうにか乗り切ってきた。居酒屋を経営していたときには、酔った横暴な客をなだめ、広告代理店の営業職では丸一日クライアントにペコペコ頭を下げて*

ペコペコ頭を下げて

一枠8万円の広告を必死の思いで受注したではないか。

それにくらべれば、なんのこれしき屁でもない、と。

そう、施設内ではあくまでも「利用者は神さま、職員は奴隷」。その言葉を心の奥で繰り返す。今まで同様これも仕事だと割り切ればいい。

彼らもしょせん人間だ。風変わりな人物や、わがままな人間もいるが、とはいえ鬼でもなければ蛇でもない。

ところで、服従しなければならない人はほかにもいた。

職場の上司〝お局さま〟＊北村照美。57歳のバツイチだ。

百戦錬磨を自負する私でも、この文章を書きながら彼女のことを思い出しただけで腹が立ってくる。

そういえば傍若無人の加藤さんが唯一言うことをきくのがこの北村である。

まるでヘビににらまれたカエルのように、彼女が「加藤さん、ダメでしょ」と言うと「はひぃ」と間の抜けた返事で神妙になる。

施設でも圧倒的な存在感を放つ彼女の話は、また別の機会に書くこととする。


以前は、相手がどんな人間であろうが、頭を下げるのは仕事だと割り切っていた。横柄なクライアントにへつらった夜、飲み屋で同僚と散々、悪口を言いながら憂さ晴らしした。しかし今、一時的な感情で入居者に腹を立てることはあっても、彼らの陰口を叩くことはない。いたずらをした子どもと同じようなものだと思うからだろうか。

お局さま
本来、宮中または江戸時代の大奥で奥女中を取り締まった女官を指す敬称。今では、職場を仕切る古参の口うるさい女性を指す言葉になった。介護の現場にはなぜか天の配剤のように配属されている。

某月某日 隠す老女：隠したことすら忘れてしまう

「また光子さんがカボチャの煮物を隠した」

何度も、職員からこんな話を聞かされた。食事中、桜井光子さんは食べ物を頻繁にズボンのポケットに忍ばせる。

そのこともあって彼女にはポケットのないズボンをはかせたが、今度はパンツの中に隠すようになった。

光子さんは白髪のきれいな93歳。小柄でとても穏やかなおばあちゃんだ。声もおっとりとしている。

「そろそろ家の様子を見ておきたいのだけど、施設の方がダメだって言うのよ。どうしてでしょうね。真山さん、代わりに見てきてくれない？」

夜勤の際、就寝前に服用する薬を個室に持っていくと少女のような声でそうささやかれた。

この相談はほかの職員もされるそうで、一度ミーティングの議題にのぼったのだが、どうやらその建物は人手に渡り、彼女が施設に入居した翌々月には取り壊されたという。当然、彼女の耳には入れない。

光子さんにはこんなエピソードがいくつもあって、このはかなげな老婆を見ていると、つい話を聞いてあげたくなる。

介護の現場では本来、入居者の生い立ちなど、個人情報*の問題以外にも職員が私情をはさまないよう最低限の内容しか知らされない。

ただ彼女の場合、真偽のほどは別にして自らのことを誰彼かまわず話すのだ。

そして彼女が食べ物を隠すたびに、入浴中とか寝静まってから、こっそり懐中電灯をさげて彼女の個室にそれを捜しに行く。もし腐敗したあとで口にされたら食中毒などの危険性があるからだ。

一度など、カラーボックスの奥から干からびたほおずきが出てきたことがあった。施設のみんなで近場の植物公園に見学に行った際、こっそり摘み取ったのではないかと推察された。ただ、食べ物にしろ品物にしろ、隠したことも忘れているケースがほとんどだ。

個人情報
入居者の氏名、性別、生年月日はもとより、映像、音声などもこれに該当する。よく介護施設のＰＲ用パンフレットなどに高齢者たちの生活の風景写真が掲載されているが、これも本人や親族の承諾があってのこと。

隠す現場を女性職員にとがめられたことがあったらしいのだが、そのときの彼女の形相はそれまで見せたことがないほど恐ろしいものだったという。

私にはその表情がどんなものかまったく想像もつかないし、見たいとも思わないが、彼女の思い出話を聞くたびになんとなく納得する部分もあった。

幼いころ、彼女は養女に出された。その先で過酷な仕打ちを受けたらしい。映画「火垂《ほた》るの墓」やドラマ「おしん*」ではないが、たくさんいる義兄妹の食事が終わるまで、彼女は給仕をさせられたそうだ。

また与えられる食事の量もみんなの半分で、ひもじい思いをしたという。それでつい、余った食べ物をこっそり隠す癖がついたのではないか、と職員間で一応の結論に達した。

彼女の家族の話はまったく聞いたことがない。また家族が面会に来たという話もなかった。

彼女は6歳のころ乳飲み子をおんぶし、子守りもさせられた。赤ちゃんの小便で背中がぐっしょり濡れることもしばしばで「たくさん肥料もらったのに背が伸びなかったの」と冗談とも本音ともつかない口調で話した。

おしん
NHK朝の連続ドラマの最高傑作といわれている。おしんは丁稚奉公を含め、魚屋、美容師など何度も転職をしている。いくつも会社を経営した経験のある私もおしんの再放送を観ながら、彼女の忍耐力と才覚をうらやましく思ったものである。

汚れたオムツの洗濯も幼い彼女の仕事だった。当時はもちろん洗濯機などなく、タライに冷たい水を入れ、しもやけの小さな手で泣きながら洗った。

泣きやまない赤ちゃんを外に連れて行き、何度も背中の乳飲み子を橋の上から投げ捨てようと思ったそうだが、自分の食いぶちもなくなってしまうと幼い頭で考え思いとどまったという。

「その義理の妹さんは、今どうしているのですか？」と尋ねると、

「たぶんもう死んだでしょう」

まったく興味なしといった様子である。

子守りや家事をさせられていた彼女は小学校にも行かせてもらえず、足し算引き算はなんとかできたが、掛け算ができず*に相当苦労したそうだ。仕事先でも給与をごまかされたり、金をだましとられたという。

当然、読み書きにも難儀した。自分の名前を初めて漢字で「桜井光子」と書けたとき、「自分の中に初めて自分が入った」と思ったという。

想像力をフル稼働させても、この感覚は本人にしかわからないことだろう。ただ、義務教育以前に生まれた人は彼女と同じような境遇の子どもが珍しくなかっ

掛け算ができず
学校で習ったにもかかわらず、計算のできない入居者は多い。施設では認知症防止の脳のトレーニングとして計算をしてもらう。たとえば１００から７ずつ引いていく。これがなかなか難しい。ところが昔、商売をしていた人などはお金に換算するとすらすらと解く。

たとのことだ。

「光子さんの話を聞いていると、僕らはまだ幸せだな」

やはり私と同じように紆余曲折の末、この仕事に流れ着いた中年の男性職員とよくそんな話をしたものだ。

ただし、その彼は2カ月もしないうちに施設を辞めた。職場に君臨する〝お局さま〟のいじめに耐えきれなかったようだ。

「職場に行こうと思って靴を履いていると、突然、北村の顔が浮かんで足に震えがくるんだ。俺、やっぱり勤まらんよ」

最後に彼はそう言い残して職場を去った。

北村照美こそ、わが施設の権力者である。彼女は、自分の権威を誇示するように人前で職員を叱る。* 言い方も尋常ではなく、彼も人格を否定されるようなことを言われたのだという。彼女と衝突して職場を去った人間がどれほどいたことか。オーナーや施設長ですら彼女には頭が上がらない。

さて、ある日のこと、遅番で施設に出向くと光子さんの個室が空っぽになっていた。県外にいる遠縁の親族の事情で急に退所することになったという。

人前で職員を叱る
上司が職員をまるで見せしめのように叱責することはパワハラに該当する。施設では入居者から突然わけもなく叱られたり怒鳴られたりすることがあるが、これはパワハラにはならないのだろうか。

私の勤務する施設は建物も古く、市の中心部から離れていることもあり、ほかと比較してもかなり安価な料金でサービスが受けられる。

ここを退去し、いったい彼女はどこに連れて行かれたのだろう。そんなことも下っ端の職員には一切、知らされない。

ふと、彼女の寂しげな顔を思い浮かべながら、せめて人並みの余生であってほしいと願うばかりだ。

某月某日　人間不信：裏表のある人

施設で働き始めてひと月足らずの夜勤の際、個室に入居者の容態観察に行くと、79歳の中尾安子さんが私を手招きし、

「あなたにだけ、特別にいいこと教えてあげるから、来て」

と、意味深な顔でささやくように言った。

「どうしたのですか」

彼女からこのような言い方をされたのは、そのときが初めてだった。

「私の行くデイサービスのお友だちの中に、施設の不満ばかり話す人がいるの」

この施設でも昼間、デイサービスをやっているが、彼女はデイサービスだけは別の大規模な施設を利用していた。

私の勤務先は、市街地から車で30分程度の小規模の住宅型有料老人ホームで、部屋は10余り、介護度によって多少異なるが、家賃、食費、介護サービス、管理費まで含めて月額10万円程度で入居できる。比較的安価なほうだろう。

「はあ、そうですか」

まだ職に就いて日の浅い私には、彼女の言わんとする内容がよく理解できなかった。

「その女性の方にこの施設のことを話したら、私とも仲よしだし、ここに移ってもいいって言うのよ」

その当時、個室が一つ空いた状態だった。

知り合いということで、この施設のオーナーに雇ってもらい、慣れない介護職に就いた私だったが失敗も多く、* まだ彼にいいところを見せられずにいた。もし

失敗も多く

彼女の話のとおり事が運んだら、少なからず施設の売上げに貢献できる。少しはポイントを稼ぐことができると一瞬考えた。

「その方は、すぐにでも施設を変われるのですか」

つい、前のめりになり彼女に尋ねた。

「そうなの。その老人ホームは大きいけど、その割に職員が少なくてサービスも悪いし食事もお粗末、お風呂も利用者が多いので、まるでイモを洗うようだし、そもそも職員とゆっくりお話しすることもできないらしいの。利用者もボケた*ような変な方ばかりでうんざりするって」

たしかにそれが事実ならば、気の毒だと思った。私の施設は小規模だが、職員、パートの数は合計すると入居者とほぼ同数いて、サービス内容も平均点以上だと自負している。

さっそく翌日、大島施設長にそのことを報告した。彼はため息をつき、

「その話は、ほかの職員にもしているよ。それも、もう2カ月くらい前から」

「えっ、そうなのですか」

いきなり肩透かしを食ってしまった。


入居者の入れ歯を間違って別の人に入れてしまった。不思議なことに本人たちはそれに気づかなかった。その後、こっそり交換したのだが、その現場を目撃した別の入居者が「真山さんが入れ歯でいたずらした」と言い出したため、お局さまに露見し、こっぴどく叱られた。

ボケた
以前、認知症は「痴呆」といわれていた。ボケも侮蔑的な意味合いを含むため、一般的には使われない。ところが入居者自身はみな「最近、ボケてきたのよ」と、この言葉しか使わない。

「それにね、この業界は紳士協定じゃないけど、ほかの施設の利用者を故意に取ったりするとあとがたいへんなんだよ。意外と狭い業界だし、老人ホームを転々としている職員もいてすぐに噂が広まるし、施設同士お互いの地域で営業エリアを線引きしているケースもあるみたいだからね」

まったく知らなかった。

「でも、なぜ安子さんは、いまさら私に話したのでしょうか」

素朴な疑問だった。

「まあ、自分に関心を持ってもらいたかったのかもしれないね」

「ではその不満を持っているお友だちの話というのは」

「いるよ、どこにでもそんな不満たらたらの人。あとは彼女の創作だろうね」

「安子さんがウソをつくような人*には見えないのですけど……」

私が言い終わらないうちに施設長は苦笑しながら言葉をつないだ。

「じつはね」

彼は手招きし、すでに日が傾き、赤い西日が射す裏庭に私を誘い出し、ゆっくりとタバコに火をつけた。

ウソをつくような人
認知症の人は、身体機能の衰えや、記憶力、判断力などの低下が原因で日常生活の中で失敗するケースが増えるのだが、言い訳をしたり、ごまかそうとするため、ウソを

「彼女、デイサービスで施設の職員とかほかの利用者に、うちのことをボロクソ言っているらしくて、一度、先方の担当者から問い合わせがあったんだけどね」

まだ信じられなかった。

「部屋は狭いし職員はだらしない人が多くて、今度新しく入ってきたおじさんなんか、いい歳をしてハゲのくせに気が利かないって」

ハゲ、それは間違いなく私のことを指していた。

施設長の頭もそれなりだが、私も認めたくはないが結構薄いほうだ。

それにしても、あんまりではないか。たしかに気の利かない面はあったかもしれないが、精いっぱい彼女に奉仕してきたつもりだった。だからこそ、良い情報をこっそり私に話してくれたのだと思っていたくらいなのだ。

私のことを少なからず気に入ってくれていると自惚《うぬぼ》れていた。それなのに「ハゲのくせに*」とは。

施設長が唇の両端に唾をためながら言った。

「安子さんは、認知症の程度はまだ軽いけど、話2割*くらいで聞いていたほうがいいよ。最近、ウソに拍車がかかってきたしね」

重ねてしまう。また作り話をする人もいる。その内容が詳細でリアルだったので介護職に就いてまもないころはよくだまされていた。

ハゲのくせに
祖父がツルッパゲだったので、私も30代のころから覚悟はしていた。もともとあったものが徐々になくなる喪失感、虚無感、これは当事者でなければわかるまい。

話2割
話半分という言葉がある。話の半分にウソや誇張が交ざっている可能性があるので、その程度で聞いたほうがいいということ。話2割となると、さらにその半分以下。ほとんど聞き流すか無視してもいいような話。ただこの仕事で、その2割が大切な場合があることも知った。

その後も、何度か彼女から同じ話やそれに近い話を聞かされたが、裏で「ハゲのくせに」と言われたことを根に持っている私は、彼女の話を適当に聞き流していた。人間不信になりそうだった。

それからひと月半ほど経ち、やや仕事にも慣れ、どうにかひととおりのことができるようになったころ、安子さんが家族のことを話し出した。

「私には子どもがいないのだけど、亡くなった主人の連れ子がいて、その娘がひどい意地悪でね。それで私はここに来る決心をしたの」

「そうでしたか、それはまたたいへんでしたね」

ベッドのシーツを直しながら*適当に返す。

「その娘が、週末にここに来るそうなの。どういう風の吹き回しでしょうね。本当は会いたくないのだけど、私も暇だから、ついいらっしゃいって返事したのね」

「まあ身内ですから、たまにはそんな方でもお会いするのもいいでしょう」

前述のことがあるので深入りしないほうがいいと思った。

「その娘に私は捨てられたようなものです。主人の面倒など一度だってみたこと

ベッドのシーツを直しながら
養成スクールで、シーツのしわを伸ばし四隅をまとめ、それぞれの角を重ねるように意識してたたむ方法を繰り返し訓練した。うまくいくと妙に嬉しかったものである。

もないし、お金も娘が全部持っていって、私をこんなところに押し込んでしまったの」

彼女の悪口はやむことはなかった。

それから6日ほど経ち、面会に立ち会った施設長から、そのときの様子を聞かされた。

施設長はくだんの娘さんとも何度も会っていて、彼女の人柄をよく知っていた。県外にいて頻繁には面会に来られないが、それでも暇を作っては、安子さんの愚痴を聞きに来てくれる、とても親思いのいい人だという。それに実子であり、〝連れ子〟という話もウソだった。

さらに、安子さんは施設長が同席しているにもかかわらず、この施設の悪口を散々娘に憂さ晴らしのように吐き捨てたそうだ。

「愚痴や不満が増えてくると、たいがい老人は弱っていくよね。悲しいね」

施設長が最後にそう言ったが、実際、彼女はその後、認知症が進み身体も弱ってしばらくして別の施設*へ移ることになってしまった。

私は夜勤が続き、安子さんの退所の場面に居合わせることができず、彼女を見

別の施設
医療機関との協力体制が整い、看護師が24時間常勤している比較的大規模な施設に行くケースが多い。

送ることができなかった。

老いとは、ある意味「喪失」だと何かの本に書いてあった。

身体機能、自信、社会性、記憶、家族とのつながりなどを徐々に失っていく。その喪失感を安子さんは、彼女なりの方法で埋め合わせていたのかもしれないと思うと、なんだかこちらまで居たたまれない気分になった。

ハゲという紛れもない事実を言われたくらいでヘソを曲げ、おざなりに接した自分は、介護する立場の人間としてまだまだ未熟なのであった。

某月某日 **相性**：どうしても好きになれないタイプ

人には相性というものがあるらしい。これといった明確な理由などなく、どうしても好きになれないタイプとか、苦手な人とか。

施設に相性の悪い老人がいた。解体業会社の社長だった林健吉さんと保険代理店の営業マンだった仲間誠さん。

健吉さんが入居2年目で81歳、誠さんがその半年後の入居で78歳。２人ともほかの入居者、とくに女性にはとても愛想がいいのだが、お互いは初対面のときからそりが合わなかった。はじめましての挨拶回りをした誠さんを健吉さんが無視したのだ。

そのとき、小規模型の施設の入居者は女性６名に男性２名。* そこに誠さん一人が加わっただけなのだ。

座席はなるべく離し、かちあわないよう職員は気を配るのだが、何かの拍子に彼らはいがみあう。もしや施設に入る前２人に面識があり、トラブルでもあったのではと勘ぐったほどだった。

ともに杖なしでは歩行できないほどだから殴り合いには発展しない。また、まだらに認知症があるので、ケンカしてもすぐに忘れる。それはそれで困りものだった。同じ話題で延々と言い争う。

施設ではケンカの火種になりそうな話題は避けることになっている。政治、宗教の話は、まずしない。*

逆のパターンもある。認知症気味の仲のいい２人の老女は隣同士に座らせてお

女性6名に男性2名
施設では、この男女比だとどうもうまくいかない。なぜか男2人が対抗意識を持ち、女性も2人をくらべて陰口を叩いたり比較したりするからだ。私の経験上、女性5名男性3名がちょうどいい。およそ5対3の比は黄金比と呼ばれる比に近い。名刺やカードなどのほか、名画モナリザの顔の縦横の割合もほぼこの比で、人間がもっとも美しいと感じる割合らしい。夫婦間の力関係もこれくらいが良いのかもしれない。

政治、宗教の話は、まずしない
これ以外にも野球の話題はタブーである。施設にも、巨人と阪神の熱狂的なファンがいて、贔屓（ひいき）の球団や選手のことで口喧嘩になり、もめたことがあった。

くといつまでも昔話で盛りあがる。２人は偶然、同じ時期に同じ町に住んでいたことがあり、そのときの話題に事欠かないのだ。だが、翌日は２人とも会話の内容を忘れているので、また同じ話を瞳を輝かせて楽しそうに語りあう。その間、職員はこの２人に手がかからないので助かるのだ。

カラオケの時間、健吉さんが３曲立て続けに歌ったことに誠さんが文句をつけた。職員の進行ミスだったのだが、誠さんの怒りは収まらない。

「なんでハゲが何曲も歌うのよ。下手なくせに」

大声で誠さんが抗議する。

健吉さんはひどい音痴に加え怒鳴るように歌う。たしかに彼の頭部はかなり禿げあがっていたが、かくいう誠さんも結構額が広かった。

「ちびハゲに言われたくない」

言い返す健吉さんの禿げ上がった頭部は真っ赤だった。なるほど誠さんの身長は１５０センチほどしかない。

目糞鼻糞を笑う。これでは、まるで子どものケンカである。

小さな施設である。毎日、顔を合わさないわけにはいかない。

ところが、ある日いつもと違う展開になった。

健吉さんが、誠さんに向かって、

「もう、お前はクビだ。明日から来なくていい」

と怒鳴ったのだ。そのときの誠さんの対応がおかしかった。

えっ？　という表情のあと、泣きそうな顔で、

「本当にクビですか？」*と訊き返したのだ。

「そう、クビクビ」

「だって小山田さんのほうがずっと僕よりとれてないのに。先月も件数は少ないけど、僕のほうが金額的には売上げたはずですよ」

必死の形相で声を絞り出して言う。

「だけどな……」

健吉さんも、なんだか弱気な口調になっている。

２人の間に微妙な空気が流れていた。

「真山さん、なんとかしてよ」

近くにいた女性スタッフが、私の耳元でささやく。


クビですか？

クビは私にとっても他人事ではない。新型コロナウイルスの影響で訪問介護事業所の倒産が増えていて、解雇される職員も多いそうだ。ただ、一方で求人している老人ホームも多く、再就職は案外容易だとも聞いた。リモートワークなどできない仕事でもある。

私は笑いをこらえるのに必死だった。介護の仕事には笑いをこらえる忍耐力も求められるのだ。

傍から見れば、茶番のようなやりとりだが、これも彼らの生きてきた証《あかし》*なのだと思った。

健吉さんは、同じ調子で、社員にクビを宣告したことがあったのだろう。一方、誠さんも上司からクビを言い渡され、先述のような言い訳をしたのではないだろうか。

しかし、お互いすぐに忘れるので結果、「クビだ」「本当にクビですか？」のパターンが繰り返されることになるのだが、クビにする側とされる側の力関係に、あるとき変化が生まれた。誠さんが健吉さんに反発するようになったのである。

「じつは……クビにしたいんだが」

「えっ、冗談でしょ!?　なんで私なのですか？」

噛みつきそうな勢いで誠さんが言う。

そのため、2人のやりとりがさらに複雑になった。

そんな矢先、誠さんが体調を崩し、1週間ほど彼のかかりつけの病院へ入院す

生きてきた証
最近、自分史を書かせたり、終活の一環として自分の介護、医療、葬儀などでの要望や家族へのメッセージを残すエンディングノートを作成させる老人ホームもある。良い取り組みだと思う。施設の良し悪しを見極めるポイントの一つだと感じた。

ることになった。すると、途端に健吉さんの元気がなくなったのだ。

「誠さんはもうここに戻って来られないようですね」

冗談でからかう。

「重病なのか？」

健吉さんが心配顔で訊く。

「どうやらクビになったそうですよ」

「それはないだろ？」

かすれた声で言う。

ところが1週間後、誠さんが帰ってくると、無事にまた例の解雇処分のやりとりが再開したのだった。

某月某日　養成スクール：70歳の新入生

さまざまな職を経験し、たどり着いた仕事、それが介護ヘルパーだった。その

資格取得のため、失業保険を受給しながら56歳のとき半年間、介護職員養成（介護職員初任者研修）スクール*に通った。

スクールは鹿児島市内の駅近くにあり、失業者向けの職業訓練校の一つで、民間が運営している。ここで、訪問介護や施設介護における自立支援に関するサービスについて学ぶのだ。

ハローワークの相談員から、「このご時世、あなたの年齢で勤められるのは介護職くらいでしょうね」ときっぱり言われていた。

資格取得のため、相談員から紹介されたスクールに申し込み、入所が認められ初日スクールに出向くと、指示された教室にかなり高齢の体格の良い男性と50代と20歳くらいの女性が座っていた。

高齢の男性は学校関係者と思ったのだが彼も研修生だった。

私を含めて4名。たったの4名。結局この3人と半年間、机を並べることになる。

もう一人の男性、深沢さんは自己紹介で「現在70歳で、元は清掃員をしていました」と挨拶した。

介護職員養成（介護職員初任者研修）スクール　知識、技能、技術を習得するものであったが、実技にほとんどの時間が割かれた。受講者が負担する費用はテキスト代の5500円だけで研修期間は約半年。先生方も介護施設の現場を経験した人たちで、授業内容も現場の実情を踏まえた実践的なものだった。

あとで知ったのだが、彼は国立大学を出て、地元でも有名な企業で働いていた時期もあったらしい。卒業をあと1カ月に控えたころ、就職活動の一環として履歴書を書く授業*があり、そのとき彼の経歴欄を盗み見て初めて知ったことだった。

深沢さんはとても親切だった。頼みもしないのに毎回、試験問題をみんなの分まで作り、ラミネート加工したものを配ってくれた。以前の仕事の関係でコーティング用の機械と材料が手元にあったのだという。

彼のおかげでとても楽をしたが、なぜか彼はケアレスミスが多く、4人の中でいつもテストの点数が最下位で、どうにも気まずかったことを思い出す。

ただ、彼はまったく気にするそぶりもなく、「次こそ僕が一番になるよ」と前向きだった。

こんな人柄だから、70歳という年齢でも新たなチャレンジをするのだと感心したものだ。

学校のカリキュラムの7割が介助の作業。つまり体の不自由な被介護者の身体を起こし、着替えを手伝い、オムツを替え、食事を与え、トイレ介助する、この一連の動作の訓練*。その繰り返し。

履歴書を書く授業
失業中、書類選考がある企業へ何度か履歴書を送ったが、すべて落とされた。その後スクールの授業を受けてその理由がわかった。私はいちいち手書きするのが面倒で、複写や、パソコンで入力した履歴書を送っていた。講師に打ち明けると「そんなことではごまかしの利かない高齢者の世話なんて到底無理よ」と指摘された。

動作の訓練
4名しか受講生がいないので、訓練の際、交代でオムツをつけたり、つけられたりした。20代の女性にオムツをつける際はさすがに神経を使った。深沢さんはお構いなしに彼女の足や腰に触れるた

「パタカラ」をご存じだろうか。私も研修を受けて初めて知った。

食事の前、口を大きく開き、この言葉を被介護者に繰り返し言わせる。すると唾液が出て誤嚥《ごえん》を防ぎ、食事がとりやすくなるという口腔体操*のようなものである。

4名が交替で介護される側を演じ介助をするのだが、深沢さんに「パタカラ」を発声させると必ず女性2人は噴き出してしまう。

彼はなぜか「パタカラ」と発音できないのだ。私も笑いをこらえるのに苦労した。

先生方にも驚いた。認知症者介護の研修で、元看護師の60代の女性が演じる認知症の姿はすさまじかった。とても演技と思えない迫真さだ。完全に目がイッているし、体全体がトコロテン並みに弛緩しているのだ。

ほかにもみんなが口を揃えて介護のプロと称賛する、やはり60代後半の女性がいた。華奢な体つきにもかかわらず、私でも手こずる80キロの深沢さんをベッドからひょいと起こし、すばやく移動させ、いとも簡単に横にする。まるで手品でも見ているようだった。彼女曰く「いつも体幹を鍛えているのよ」とのこと。

め、彼女も複雑な表情をしていた。

口腔体操
現場に入ってわかったが、この体操は入居者には人気がない。それはパタカラに意味や面白味がないからではないか。それならむしろ、「バカヤロー」「真山のハゲ」などと入居者のうっぷんを大声で怒鳴らせたほうがまだ有効のような気がする。

実際、介護職員が仕事を辞める理由の一つに腰痛*がある。それを防ぐ手段として、全身の筋肉を無理なく効率的に使う方法を長年の経験で体得していたようだ。

今でも年に何回か４名で会うと、あのころの話「パタカラ」で盛り上がる。あとで聞いた話だが、深沢さんが最高齢の生徒だと思っていたらスクールの卒業生にはさらに年上がいて驚いた。80代だったという。完全に介護される側にいてもおかしくない年齢。

さてこの深沢さん、じつは最初に応募した施設で採用されたそうだ。信じられない話だが面接即決採用だったという。70歳の男性が即決。信じられない業界である。

深沢さんの施設には彼より年下の利用者も多いらしい。

深沢さんはよく職場の体験や失敗談を話してくれた。

「間違って、救急用のセキュリティのボタンを押してしまってね。管理会社のスタッフが駆けつけてくるし、ドアは施錠されて施設内は大混乱よ。重大事故*扱いで、何枚も始末書を書かされたよ」

そう言いながら笑っていた。笑い話では済まないと思うが、彼はどこまでも前

辞める理由の一つに腰痛
ある調査では、腰痛で離職を考えたことがある介護職員が全体の約半分にのぼったという。施設の軒先にあった七夕飾りに「腰痛になりませんように」と書かれた短冊を見た。書いたのは当時68歳の大島施設長だった。

重大事故
1つの重大事故の背後に29の軽微な事故があり、さらにその背後に300のミスがある、これを「ハインリッヒの法則」という。転倒、薬の飲み間違い、異物を食べるなど、職員は入居者ごとに起こりそうな事故の予測をして、予防を心がける。ただ人間に失敗はつきもの。友人の介護職員は、自分の薬を間違って入居者に服用させた。大事には至らず彼は胸をなでおろしたという。

向きな人物なのだ。

「亡くなる人も多いでしょ？」

深沢さんの勤め先は、利用者80人規模の病院併設の施設だった。

「そうだね、病院へ搬送されて戻ってくる人は1割程度かな。そのあとどうなったか、ほとんど知らないよ。スタッフも話題にもしないし。たまたま病院から戻ってきた人を見かけると、心の中で『この人しぶといな』とか、『生還したんだな』と思うけどね」

「仕事、楽しいですか？」

「楽しいとは言えないね。ミスしてよく叱られるし、でも仕事だからね」

深沢さんは介護福祉士*の資格を目指しているという。さらに勤続10年以上の介護福祉士には、給与を加算するという特定処遇改善などの国の施策も報じられているらしい。

そのとき、彼は80歳超え。前向きにもほどがある、とまたしても感心してしまった。

慢性的な人手不足の業界、やる気さえあれば誰でも就ける職業だと思う。体が

介護福祉士
介護職の国家資格。試験を受けるには、3年以上の実務経験者か福祉系高校卒業が必要。ほかに養成施設からの受験ルートもあり。ほぼ正社員として雇用され、現場責任者として指導的な立場になることが多い。

丈夫で新たな職を探している方は年齢に関係なくチャレンジしてほしい。本書を最後までお読みになり、その決意が揺るがなければ、であるが。

某月某日　「ここ絶対やめたほうがいい」：面接担当者はそう言った

介護職員養成スクールを卒業し、さっそく仕事を探した。

鹿児島市の北東部に位置する吉野町地区には老人施設がたくさんある。市内中心部から車で20分程度の高台にある場所だが、この一帯にはまだ畑地や田園が広がり、老人施設にはうってつけの環境である。

その中から通勤圏内の施設数軒にアタリをつけ、ハローワークの相談員から連絡してもらった。すると最初の求人先の担当者から、私と直接話がしたいと言われ、相談員から受話器を受け取った。

「応募、ありがとうございます。面接する前にひとまず施設の見学*に来ていただけませんか？　それから判断されたほうがいいと思いますよ。せっかく書いた履

施設の見学
入所する側も勤める側も、施設の見学・下見は必ず何度かしたほうがいい。大切なのは施設内の臭い。トイレはもちろん、食堂から漏れる食べ物の臭いや、逆にきつい消毒液の臭いが充満している施設もある。清掃が行き届かず、悪臭を消毒液や芳香剤でごまかすケースだ。換気の観点からも臭いは施設を選ぶ判断材料のひとつになる。

歴書が無駄になりかねないですからね」

声から、かなり年配と思われる相手の女性はきっぱりと言った。

「えっ？　どういうことですか」

「じつは今まで見学した方で、それでも応募した人は2割にも満たなかったのです。うちは想像以上にすごいですよ。大丈夫ですか？」

その当時は、まだ介護施設や障碍者施設の実態を私もよく理解していなかった。あとで聞いた話だが、その施設はかなり重度の利用者がいて、噛みつかれたり、便を投げつけられたり、自傷行為があったりが日常茶飯事の職場だったようだ。どうりで給与がほかよりもよかったわけだ。

しばらく考えて私は保留にした。ハローワークの相談員も困り顔で、「正直、あなたのやる気をそぐようであえて話しませんでしたが、あの施設は短期間の離職率も相当……ですね」と、彼は言葉を濁した。

求人募集していた2番目の施設もすぐに面接の日取りが決まった。

電話に出た事務局長の話し方はとても人あたりがよく、私はこの施設ならいけるかも、と彼の声を聴きながら期待を膨らませた。

面接当日、市街地から離れた山奥の施設*に出向くと満面笑顔の年輩者（彼が事務局長だった）と、彼とは対照的にこわばった顔の40代くらいの施設責任者という男性が面接に応じてくれた。思ったよりはるかに大きな病院に併設された介護施設だった。

履歴書を見ながら事務局長は、

「君、体格がいいね、何か運動していたの？」とか、

「このあたりは冬場は雪が積もるから運転がたいへんだけど、そのうち慣れるよ」などとすでに採用が決まったような物言いだった。

ところが隣の男性はどうもさえない表情をしている。

「もし働けるとしたらいつごろから来られそうですか？　たとえば……」

事務局長が言い終わらないうちに話をさえぎり、40代くらいの男性が怒ったような声で言った。

「その前に、ひとまず施設の中を案内します」

そして私に立つように促し、私はそのまま彼のあとに続いた。

山奥の施設
中規模以上の老人ホームは、広い土地を必要とするため、その多くが市街地から少し離れた農村部や山間部にあった。自然に恵まれた環境としてPRしている施設も多い。鹿児島特有なのだろうが、施設から「桜島が見える」ことが重要なPRポイントになっていたりする。

いったいなぜ彼は不機嫌なのだろう？　これで半年ぶりに仕事に就ける*という明るい気持ちの一方で彼の態度のほうが気になり始めていた。思い切って背後から彼に尋ねた。

「ぶっちゃけ、どうなんですか？」

今思うと採用権限者かもしれない相手に対して私は砕けた物言いをしてしまっていた。

「真山さん、ほかも当たったのですか？」意外な返答だった。

「いえ、ここが2件目ですけど……」

「ここだけの話、正直に言いますけど、うち、やめたほうがいいと思いますよ」

「えっ？　なぜですか」

「あの事務局長、役所からの天下り*で、実務のことなどまったくわかってない一時の腰かけです。それなのに誰でも簡単に採用するし、辞める相手にも、『あっそ』だけでろくに引き留めもしない」

「だからといって……」

「いや、今までの経験でだいたいわかります。彼が即決で入れたがる人は、だい

半年ぶりに仕事に就ける
介護の養成スクールへ通った半年間は学生のような身分であり、仕事先から疲れて戻ってきた妻に顔向けできなかった。どんな仕事だろうが早く就きたいという焦りもあった。

役所からの天下り
鹿児島市役所にいた柄の悪かった建設OBが、その後、図書館の受付でふんぞりかえっている姿を見たことがある。こんな不愛想な中高年より、若くて愛想のいいパートを

たい２カ月以内に辞めます」

「どうしてでしょうか？」

「彼があまりにも無責任すぎるからです。どんな事態が発生しても相談になんかまったく乗りませんよ。役所に長くいると、ああなるのですかね。私もいつ辞めようかとチャンスをうかがっているくらいですから。ここ絶対やめたほうがいいですよ。真山さんは年齢的にあとがなさそうだから多少条件が悪くても食いついてくると、彼は高をくくっているのです。下手すると冬場なんて彼の送迎までさせられますから」

もう黙るしかなかった。

雇ったほうが経費面や行政サービスとしてもいいと思うのだが。

私も建設コンサルタント業に従事していたころ、役所の担当者の理不尽な要求*や仕打ちに何度にがい思いをさせられたことか。

公共事業の受注機会を増やすために、役所回りをしていた時期がある。夕方ごろになると、役所の担当者の机の上には一面に営業で訪れた人の名刺が置かれていた。私が空いた隙間に名刺を差し出したそのとき土木部担当のM係長が帰って

理不尽な要求
土木部の県職員の引っ越しに建設会社の社員を動員とか、県職員が推す議員のために選挙応援とかが当たり前の時代があった。さすがに県の職員へ現金を渡すのはまずいので、換金可能なビール券などを贈答する会社も多かった。

きた。

「名刺よろしいでしょうか？」

本人がいる手前、ひとまず挨拶すると彼が顎で置けと合図した。

私が机の上に名刺を置いた*のを見届けると、彼は机の上のすべての名刺をかき集め輪ゴムでくくると、そのままポイとゴミ箱に投げ捨てた。当然、私の名刺も。彼はその後、何事もなかったようにタオルで顔の汗を拭いていた。

それから4カ月経った年明けの2月、土木事務所の人事課の課長から私の会社に電話があった。

どうしても3名ほど、退職後の受け入れ先、つまり天下り先が決まらない人がいるという。あなたの会社で雇ってもらえないか、という打診だった。

一般に役所OBを雇うと、その会社の入札指名数が増える。それは官と民の間にある暗黙のルールだった。OBの面倒をみてくれた見返りに、お土産*と称して入札の機会を増やすという決まりごと。それが何十年も悪しき慣例として続いてきたのである。

3名の名前を聞いてすぐに合点した。業者いじめは当たり前、自分の仕事が遅

名刺を置いた
当時、県内の役所回りを1日に10カ所近くして、200枚もの名刺を配っていた。担当の机以外にも夕方など、積み上がった名刺が名刺受けのケースからこぼれ落ちていた。今考えるとじつにバカげた営業だと思うが、それは今も続いている。

お土産
OBを雇うと役所は、その会社に仕事を回す。それを決める役所担当もいずれ天下りたいのでこの慣習が引き継がれる。あ

いことを棚に上げて、業者に責任を押しつける、そのくせいつも威張っている評判の悪い役人たち。その中に例の名刺を捨てたM係長も入っていた。

「うちみたいな小さな会社じゃ、恐れ多くてM係長みたいな立派なOBは雇えないです」

皮肉たっぷりに断った。

ところがそれから2カ月後、周りの退職者にひと月以上遅れて彼はある建設コンサルタントに天下っていた。というよりもその会社は役所から余り物の彼を押しつけられた恰好だった。

その会社の入札指名が増えることはなかった。いやむしろ減ったくらいだ。彼は役所の現職の後輩からも評判が悪かったらしい。

そんな煮ても焼いても食えない人間はどの業界にもいる。だから私は多少、施設の老人たちから無理を言われても笑ってやりすごす自信がある。

経験が人を育てるのではなく、むしろ鈍感にしてしまうケースもあるのだと私は感じている。

るOBを雇った企業A社が「お土産」として落札するはずの仕事をB社が間違って受注してしまった。すると、B社への役所からのいじめが始まった。朝一番に打ち合わせに来いといわれ、飛行機で離島へ定時に行ったが半日廊下で待たされたという。

2つ目の施設もこちらから断った。

引き続きハローワークで求人を検索していると、昔からの知り合いがオーナーの小規模型の施設が求人を出していることに偶然、気づいた。ハローワークの求人条件は、「日給月給制」*で、ボーナス・退職金なしという非正規のものだった。

さっそく連絡すると、「真山さんか。君なら素性《すじょう》も知れているし、ぜひ手伝ってよ」と即答でその場で採用を決めてくれた。

後日、施設へ赴くと初老の大島七郎施設長が迎えてくれた。

この大島施設長、仕事に就いたばかりのころ、緊張気味の私に砕けた口調でこう言った。

「やることをしっかりやったら、あとはテキトーでいいからね。夜勤のときも寝ていいんだよ」

ここならやっていけるかも*とそのとき私は思った。

第一印象は、柔和な太ったおじさんといった感じで、頭髪も薄く親近感を覚えた。私が入社した当時、彼は67歳だったので、今はもう70歳を超えている。

彼は、よく言えばとても寛容な人で、悪く言うと少し責任感に欠ける部分がある

日給月給制
給与の月額があらかじめ決められており、欠勤・遅刻・早退をした場合、その分が差し引かれる給与体系。

ここならやっていけるかも
のちに知ったことだが、大島施設長は10年ほど前まで建築の設計をしていたらしい。なぜ畑違いの

ることが最近わかってきた。

お局・北村との相性は当然よくない。北村をコントロールするのは、彼の役割だと思うのだが、事なかれ主義というか、彼女に対して、はっきりと意見しない。

新型コロナで施設全体がピリピリしている中、もし感染者が出た場合どうするのかと彼に質《ただ》してみた。「そのときは、そのときよ」との返答。北村が異常なほど感染対策を徹底しているので、彼が北村にモノが言えないのもうなずける。

施設において正規の職員は、大島施設長と北村だけで、日勤者*は時間給のパートで、８割が非正規である。

夜勤中心だが、ひと月のうち数日は昼間の勤務で、給与は総支給で20万円、手取りだと16万円ほどになる。妻のパート代９万円と合わせてカツカツの生活だが、当時の私は貯金も底をつきかけていてすぐにでも働かなければならなかった。

こうして私の介護職員としての生活がスタートしたのであった。

介護業界に入ったのかはわからないが、どうやらパチンコや競艇にのめり込んで借金を抱えてしまい、勤めていた会社を辞めざるを得なくなったのだという。仕事以外で、彼とする話題はプロレスとボクシングのことくらい。家族の話はしないのであえて訊かないことにしている。たぶん現在は独身のような気がする。

日勤者
時間給の日勤者は人手が足りているとき、早帰りを強要される場合がある。その点、夜勤が多い私は日給扱いとなっていて、職員の中では恵まれたほうだと思う。

某月某日　タブー：「暗黒の時代だったのよ」

ちょっとすまし顔の81歳、松原幸子さんは小太りで言葉数は少ないが、どこか人を見下した態度が鼻につくと、職員の間での評判は芳しくない。

彼女の個室には三島由紀夫、谷崎潤一郎[*]、太宰治などの文豪の作品集が置いてある。ただ、彼女がこれらの本を読んでいる姿を見たことはない。

彼女の本棚にはさりげなく大学の卒業アルバムが立てかけてある。かなり有名な私立大学。彼女の出た大学らしい。

「ねえ、真山さん、あなた本とか読むことある？」

「たまにですけどね、でも最近はあんまり」

「だめですよ、テレビとか漫画ばかり見ているとバカになります。やっぱり本です。本を読む習慣[*]が大切だと思います。頭を使いますからボケ防止にもなりますし。それを怠ったら、たとえば細山さんみたいに……ね」

谷崎潤一郎
『瘋癲（ふうてん）老人日記』は77歳の老人が、息子の嫁に性的魅力を感じながら、彼女の足に踏まれたいという欲望も感じている、という話。ほかにも日本的な様式美、雅な世界を描いた『細雪（ささめゆき）』のような長編小説も手がけた。彼の感性、審美眼は他の追随を許さない独特のものがあると思う。

本を読む習慣
入居者で読書の習慣があ

彼女は同時期に入所した75歳の細山信夫さんを完全にバカにしている。なぜ彼女が彼を嫌うのか、最初その理由がよくわからなかった。

信夫さんは少々無神経で口は悪いが小柄でお人よしの男性で、いつもニコニコしている。身の回りのことはひととおり自分でこなせる、職員にとっては当たりの人なのだが。*

「純文学の本も読むのですね」

「そう、やはり昔の作家がいいわね。あの時代の香りや空気感が好き。最近の作家の文章は人工甘味料みたいに妙に後味が悪いの」

よくわからない説明だが、ひとまずうなずく。

私は、小さいながら地方の文学賞の受賞経験がある。そのことは施設の利用者はもちろん、職員も知らない。知っているのは施設のオーナーだけ。*

彼女の容態をチェックしメモ用紙に記録する。その内容を横目で見て、私の漢字の間違いなどを指摘する。たしかに私はよく漢字を間違える。

一度など、「就寝」を「終寝」と書き間違えたところを見とがめられ、「それじゃ、二度と目覚めないみたいじゃないの」と注意され、赤っ恥をかいてしまっ

る人はきわめて少ない。本どころか、テレビさえ視聴しない人も多い。ただ深夜に「ラジオ深夜便」というラジオ番組を聴いている人が数名いて、その人たちは、比較的、頭のほうもしっかりしている。

当たりの人
職員の手を煩わさない人。これだけは見かけや第一印象ではまったくわからない。おとなしそうな老婆が狂暴だったり、元教員や警察官がとんでもなく非常識だったりする。

知っているのは施設のオーナーだけ
大島施設長もオーナーから聞いて知っているのかもしれないが、いまだかつて彼と文学の話など一度もしたことがない。私が文学賞をとっていようがいまいが、彼にはまったく興味がないのだろう。

た。

なぜ、幸子さんは信夫さんを毛嫌いするのか、職員間で話題になった。たまたま彼女の食卓の席が信夫さんの正面だった時期があり、彼がクチャクチャと音を立てて食事する姿を、幸子さんはあからさまに蔑《さげす》んだ表情でにらんでいたらしい（その後、彼女のクレームで席替えされた）。

たしかに信夫さんは総入れ歯のせいなのか、食事のとき奇妙な音を立て、おまけにペロペロと舌を出す癖があった。それを幸子さんが「まるで二日酔いのカエルみたい」とたとえたという。言われてみるとたしかに彼はどこかカエルに似ている。

「二日酔いってのがいいね。さすが幸子さんは文学的な表現をする」と大島施設長が感心していた。

言われっぱなしの信夫さんだが私とはよく会話する。

彼はたいへんなヘビースモーカーだったと本人から聞いた。当然、施設は禁煙である。私も30代でやめた。

「もう我慢ができるけど、やめたばかりのときはたまにタバコを食べる夢を見たよ」

　信夫さんがペロペロ舌を出しながら言った。

「今、電気タバコというものがあるらしいね。口がビリビリせんとやろか？」

　電子タバコと勘違いしているらしい。

「私は吸わないのでよくわからないですね。前はどんなタバコを吸っていたのですか？」

「ずっとマイルドセックス*」

「えっ？　マイルド……セックス」

「ああ、そうだよ、あれがちょうどよかった」

　それ以上訊き返さなかった。

　そう、彼は持病のためか耳が遠いせいか、言葉が不明瞭だったり、大きな勘違いがよくあった。にもかかわらず無神経に幸子さんに話しかけるので、彼女から嫌われてしまったのだとようやく最近理解した。

　ただ、本人はまったく気にする様子もなく、それがさらに幸子さんの怒りをかっていたようだ。

マイルドセックス
もちろんマイルドセブンの間違い。彼は「タバコはまとめてワントーカンで買っていたよ」と言っていたが、これも「ワンカートン」。私の施設では禁煙だが、数は少ないものの「喫煙可」を謳う施設もある。適量なら飲酒を認めている施設や、居酒屋イベントを開いている老人ホームもある。

「松原さんは結婚したことあるの？」

食事中にほかの施設利用者がいるテーブルで、彼女のタブー（彼女は生涯独身だった）に触れたり、まったく悪気はないのだが、彼は他人のプライバシーに土足で踏み込むようなところがあった。

「ない？　もしかしてレズとか？」

このときばかりは、さすがに私も幸子さんの顔を直視することができなかった。ただ、彼の直感はある意味、当たっているのではないか、と私も思っている。

幸子さんの部屋の壁には旅行先で撮った写真がたくさん飾ってあるのだが、その中にほとんど男性の姿がないのだ。彼女よりひと回り若い感じの同じ女性と写った写真がその大半を占めていた。

写真を見ると、海外にもその女性と2人で何度も足を運んでいるようだ。

何かの拍子に幸子さんがぽつんと漏らしたことがある。

「今の方はいいわね、マツコ・デラックスさんとか愛ちゃんとか、その個性*をおおっぴらに出して活躍できるご時世ですから。私たちのころは暗黒の時代だったのよ」

個性
入居者の中に中性的な男性がいて、男性職員が風呂の介助をすると妙に恥ずかしがる。ショートカットにすると見た目がほぼ男性になる女性入居者もいて、しぐさや言葉使いまで、オジイサン化したように感じる。歳とともに眠っていた「個性」が目覚めた結果なのかもしれない。

じつにすごみのある言い方だった。

某月某日　**夜勤のほうが好き**：真夜中の入居者たち

夜勤に出る前、夕方4時ごろ自宅の神棚に手を合わせ、夕方から翌朝にかけて、施設の入居者たちに事故がないよう平穏無事を祈る。ついでに夜中に大量の失禁がないように祈る。便秘気味の入居者が、できれば勤務時間中、排便がないことまで祈る。

妻は午後4時までのパート勤務のため、夫婦すれ違いの日が月の半数を占める。自分で弁当を準備し、それを持参して職場へ向かう。妻の夕飯用に弁当のおかずは多めに作り、残しておくこともよくある。

私の夜勤が始まったばかりのころ、妻は夜ひとりでいることに不安があったようだが、今ではすっかりひとり時間を楽しんでいるようだ。

夜勤は週に3～4日、日勤は1日で2日休み。この繰り返しでほかの夜勤者と

の調整で週ごとにスケジュールが入れ替わる。

トラブルがなければ、夜勤のほうが断然いい。ほかの職員の目を気にせず、訪問客もなく、ほぼ電話もかからないので、自分のペースで仕事ができる。ナースコールが鳴らない間は、仮眠もとれるし、テレビも観られ、読書もできる。

夜勤には向き不向きがあり、短時間の小刻みな仮眠がとれない神経質な人にはつらいと思う。その点、20分だけ仮眠*をとろうと思えば、それができる自分には向いているといえる。

とはいえ昼と夜が逆転した生活なので当初は慣れるまで少し時間がかかった。夜勤明け、家に戻り、さっそく風呂に浸かると、湯船で眠ってしまい溺れそうになったこともある。また午前10時ごろ、朝食後ソファで横になりそのまま寝込んでしまい、目覚めると夜の7時すぎだったなんてこともあった。それでも次第に体が慣れてきて、昼間に2時間程度休むだけで平気になった。

夜勤をするようになって当然ながら飲酒の回数も減ったが、飲むと酔いが回るのが早くなったと感じる。そしてすぐに睡魔が襲ってくる。また職場にいるとき

20分だけ仮眠
仮眠は横にならず座った状態で30分以内が理想的だという。そもそも日本人は世界的にも睡眠時間が短く、睡眠不足気味らしい。入居者の中にいつも「一睡もできなかった」という女性がいる。夜見回ると、彼女はいつもぐっすり寝ている。たぶん眠れない夢を見ているのだろう。

の夢をよく見るようになり、自宅で目が覚めて、施設にいると思い込み、寝ぼけて靴を履こうと捜したことも何度かあった。

　夜勤が多くなるにつれて仮眠のとり方を工夫するようになった。多少、尿意があってもそのまま横になって休む。すると目覚まし時計のアラームで一度目覚めて、「あと5分寝ておこう」などと考える間もなく、尿意が先行して、簡易ベッドから飛び起きることができるようになるのだ。

　夜勤だと、入居者とも一対一での対応になるため本音で話してくれるし、私も周りに遠慮なく気軽に会話ができる。個々の入居者との距離が縮まる気がする。

　日勤は仕事量も多く、繁雑で、職員に入居者の話をゆっくり聞く余裕などない。そこで、入居者は夜勤担当で風采の上がらない、いつものんき気そうな私にあれこれ話しかける。

　夜、見回りに行くと、その日の気分で長い話につかまってしまう。入ったばかりで施設の環境に慣れない女性の場合が多く、中には娘夫婦に捨てられたと涙ながらに語る人や、明日息子が迎えに来るけど何から手をつけたらいいかわからないなどと相談されたり（実際には息子さんが来ることはない）、また病院と勘違いしていて病気が治れば退院できると思い込んでいる人もいた。

ひととおりの会話につきあい、入居者に就寝前の薬を飲ませたあと、持参した弁当で自分の夕食を済ませる。

21時ごろからオムツ交換、排泄介助を兼ねての就寝状態の見回りに続き、彼らが寝静まったのを見届けてから、仮眠室でテレビを観たり、読書の時間に充てる。

ナースコールが鳴ることはあまりないので、ついうとうとすることもある。

0時ごろ床につくが、何事もなければ、そのまま眠り、5時半に起床し、朝食の準備にかかる。

洗浄した入れ歯*を部屋まで運んだり、食堂で食べる人だけを個室から移動させたりする。高齢者は朝が早いので目覚めは良いが、中には寝ぼける人がいて、「おはようございます。朝ですよ。あと30分で朝食を部屋に運びますよ」と声がけすると、なぜか毎回「忘年会から帰ってきたの？」と訊く女性がいた。

食事は給食担当が作ってくれているので、それらをレンジで温め、ご飯と味噌汁、お茶、デザートなどと一緒に部屋まで運ぶ。たまにパンを出すこともある。

それぞれ好き嫌い*があり、誰がどれだけ残すか、おかずによってたいてい予想

入れ歯
うっかり入居者の入れ歯をはめ忘れたことがある。その男性の食事に時間がかかりすぎることに気づいた職員からそのことを指摘され、呆れられた。男性は入れ歯がないことに気づかず食事を続けていた。

好き嫌い

がつくのでそれを考慮して各人の量を調整する。たまに「なんで私のおかずだけ少ないの」とクレームを言う人もいる。しかし、栄養面などを考えた献立なので「すみません。施設長に話しときます」と適当に返事をして、その場を逃れる。

下膳し、食器を洗浄し、簡単な清掃を済ませ、前日の夕方からの報告書*を書いていると日勤の人が出社し始める。

そして、彼らとの朝の会話は、挨拶より先にこんな感じで始まる。

「ねえ、〇〇さんと△△さんの便、出た？」

某月某日　不思議な体験：入居者が亡くなって…

この業界、施設の入居者は、当たり前だが体の不自由な人か高齢者。中には100歳の老人もいた。入居中に具合が悪くなり救急搬送され、そのまま帰ってこなかった人や当然ながら施設で亡くなる人もいる。

私もついにその現場に遭遇してしまった。

ピーマンやニンジンが苦手な子どもは多いが、じつは高齢者にもこの2つが苦手な人が多い。施設としては健康のために食べてもらおうとするのだが、何十年も嫌いだったわけで、この年齢にまでなって今さら…と気の毒に思う。

報告書
入居者の血圧、体温、体の不調などの訴えや食事の食べた量（5段階）を記録する。また服用した薬の飲み残しがないかをチェックする表や、自分の服装、爪など衛生面をチェックする表があり、これらをまとめて記入する。

真夜中の1時ごろ入居者の部屋を見回るのだが、いつも早い時間に就寝しているはずの千代子さんの部屋から音がする。テレビの消し忘れかと思い、室内をのぞくとどうも様子がおかしい。薄暗い部屋、テレビから漏れる光の中に彼女の不自然な姿が浮かびあがった。

窓際のベッドから離れ、イスラム教徒がお祈りするときのように前のめりの状態で倒れていたのだ。表情はいたって穏やかだったが、体に触れるとすでにぬくもりが感じられなかった。

緊張が走ったが、このような場合のマニュアル*どおりに対処すべく、気を取り直した。

すぐに大島施設長に連絡してから119番した。ものの10分もしないうちに救急車*が到着し、さらに20分後には警察官、遅れて刑事がやってきた。初めてリアル刑事を見た。30代だろうか、かなり若い。ドラマみたいに私服ではなく作業着だが、精悍でかっこいい。

彼が現れると周りにいた警官数名が姿勢を正し丁寧な言葉で今までの経緯を説明し始める。明らかにそれまでと態度が違った。

このような場合のマニュアル
マニュアルでは、入居者のバイタル（体温、血圧など）を測り、その状態をすぐに施設長へ報告、同時に119番へ連絡することになっている。施設長からは本人かかりつけの医師、看護師へ連絡。診断結果次第では親族にも緊急報告する。

救急車

私も刑事からいろいろと尋問された。ひとまず事件性を疑うのだと、そのとき初めて気づいた。介護施設で虐待を受けた老人が負傷したり、中には亡くなった事件報道があったばかりだった。

発見当時の様子を詳細に説明した。私の仕事の内容、取得資格、当日のスケジュールを時系列で供述。さらにケータイの番号、家族構成まで訊かれた。

「彼女はどんな人でしたか？　彼女に対するあなたの印象は？」の質問には驚いた。これが刑事ドラマ*でいうところの「痴情の線」というやつか。

「いつも笑顔の絶えない優しいおばあさんだったと思います」

正直な感想を緊張しながら述べた。

改めて、人ひとりが亡くなるということは大ごとだなと思った。救急隊員、警察官、刑事、施設関係者、そして医師など深夜に延べ10名ほどの人で施設の狭いフロアはいっぱいになった。施設の管理責任者である大島施設長は、警察が来る前に駆けつけてくれ、私が刑事からの質問に応答する間も私のそばに寄り添ってくれた。

担当医の話では、下着を替えようと起き上がり、脳梗塞を起こしそのまま息を

お年寄りは容態が急変しがちなので、基本、私の施設では救急車を呼ぶことにしている。サイレンの音には「ピーポー」と交差点に進入する際などに使う「ウー」の2種類あることを知った。夜、個室で介護している際、外から救急車のサイレンが聞こえると「誰か死にそうなのかもね」と嬉しそうに話す老婆がいた。

刑事ドラマ
刑事ドラマでは、主人公以外の捜査員がくだす犯人予想は必ず外れる。だが、私の施設でモノがなくなった場合、犯人予想は容易である。犯人の部屋に堂々とそのモノが置いてあるからである。

引きとったのだろうとの見立てだった。死後1時間あまり経っていたという。

翌朝、ほかの施設利用者8名の誰もその騒ぎに気づいていなかったことにも驚いた。

みな、千代子さんがいなくなったことにすら気づかなかった。彼女の指定席がぽっかり空いているのに。

彼女の不在を訊かれたら、「気分が悪くなって深夜に病院に運ばれた」と応じるように職員間で示しあわせていたのだが、その必要はまったくなかった。まるで何事もなかった*かのような、いつもの朝だった。

施設の入り口にはインターホンがある。部外者はどんな場合でも、これを押さないと扉を開けてもらえない。同時に入居者の逃亡を防ぐ手段として扉が開いた瞬間、警報音が鳴る仕組みだ。

また昨今の新型コロナの影響で、訪問医や親族の面会時でも一度インターホンを鳴らしてから、指定された消毒剤で全身を洗浄後、入室する決まりになっている。

何事もなかった
巣の中にいたヒナ1羽がゼロになると親鳥は大騒ぎするらしいが、5羽いたヒナが4羽になっても親鳥は気づかない、という話を聞いたことがある。そんなことを思い出した。

千代子さんが亡くなってひと月ほど経ったころから、深夜０時ごろ、インターホンが鳴ることがあるのだ。それも一度や二度ではなかった。夜勤の時間帯、事前に連絡のない訪問者などいるはずもない。別の夜勤の職員に尋ねると、「そういえば、鳴ったような……」とあいまいな返事。

ということは聞こえているのは私だけ？

強風で扉が動き、インターホンのセンサーが感知した可能性も考えられる。しかし偶然だろうか、決まって千代子さんの死亡した時間帯にその現象は起こるのだ。

ある夜、もしやと思いその時間に合わせて入り口付近で待機し、監視を試みたが何も起こらない。

半年経ってやっと鳴らなくなった。

単に私の幻聴*だったのかもしれない。それとも、千代子さんが「なぜ、あのときもっと早く気づいてくれなかったの？」と言っているのか、あるいは「私のこと、忘れないでね」と言いたかったのか。

できれば後者であってほしい。

幻聴
夜間でも建物の内外でさまざまな音がする。強風で庭木の揺さぶられる音や、雨だれの音など。それらの音にインターホンの軽やかで機械的なピンポーンという音が混ざる。最初は耳鳴りかと疑ったが、不思議なのは均一な音のはずが、その音に強弱があったことである。

某月某日　モンスターファミリー：私の財産になった「笑顔」

夜勤の当日、施設に着くと応接室が重たい空気に包まれていた。

入居3年目の柴山美代子さんと彼女の次女、そして初めて見る50がらみの女性、それに施設長の大島七郎さんが、神妙な顔で対峙している。

施設長が私を認めるなり、ここに座れと手招きする。

いやな予感がした。美代子さんは車イスに座ったまま、きょとんとした表情で隣にいる次女の顔ばかり見ている。

地元在住の次女は月に5、6回仕事帰りや休日に面会に訪れる人で、とても感じのいい女性だった。

「いつも母がお世話になっております。何か変わったことはなかったですか」と、顔を合わせるたびに私のような下っ端職員にも声をかけてくれる。たまに職員に差し入れをしてくれることもあった。

美代子さんは穏やかな女性だが最近、認知症が進み、徐々に手がかかるようになっていた。そのことを次女は十分理解していた様子だった。

会話の内容から、もう一人の女性は県外にいる長女だとわかった。数年前に亡くなった父親の法事で帰郷し、姉妹で母の様子を見に来たらしい。

「母の顔に目ヤニなんて信じられません。靴下も伸び切っていて。唇もかさかさで。粗末に扱っているとしか思えない」

長女はたいへんな剣幕*だった。

たぶん、同じことを施設長にも訴えたのだろう、それをもう一度わざわざ私の前で繰り返したのだと思った。

施設長は悪い人ではないのだが、顔の表情に問題がある。彼は何かまずいことがあると唇の両端に唾がたまり、微笑んだような顔になる癖があった。相手の、あるいは自分の緊張を解くための行為かもしれないが、見ようによっては真剣さに欠ける、と誤解されるきらいがある。

さらに長女は、母親が入居時より、ずいぶんやつれたと言うのだが、最近の測定でも、彼女は当時より逆に1キロくらい体重が増えていた。

たいへんな剣幕
モンスターペアレントは教育現場、モンスターペイシェントは医療現場、モンスターファミリーは介護現場にいる。高齢者の子どもは50～60代で介護施設の職員より年上のことも多く、その点、モンスターになりやすい。そんなこともあり、施設長にはやはりそれなりの年配者が適任なのだ。

お茶の師範までしていた母親の今の状況をとても看過できない、との言い分だった。母親に寄り添う次女は、長女が声を荒げるたびに心配そうな母親の顔をのぞき込み、彼女の背中をさすっている。

ふと思ったのだが、美代子さんは、すでにこの長女が自分の娘だとわかっていないのではないか。時々長女を盗み見る彼女の表情は、ただ恐れているだけに見えた。

「姉さん、さっきも言ったけど、ここの施設ではとてもよくしてもらっていますよ。お母さんもいつもありがとうって」

すると、次女が言い終わらないうちに、

「本当なの？　ねえ母さん、ここ本当に居心地がいい？　髪の毛もぼさぼさじゃない」

まくしたてるように言う。

毎月、理容師を呼んで*本人の希望で好きな髪型に散髪してもらっている。そもそも認知症の人は自分の身なりに注意が向かなくなっている。もちろん私たち職員もできる限りのお世話はしているつもりだ。

理容師を呼んで
専門の理容師は寝たきりや車イス、認知症気味の人を相手にするわけで、

「ほら、黙っているじゃない」

長女は文句を言う割に、美代子さんと距離を置いて決して母親の体に触れようとしない。そんなに目ヤニが気になるなら自分で拭いてあげればいいじゃないか、と思った。

次女はシングルマザー*で、中学生の息子を育てながら仕事をしていた。２年ほどデイサービスを活用しながら母親の面倒もみていたそうだが、美代子さんが膝を悪くして歩行ができなくなったため、家の近くにあるこの介護施設への母親の入居を決断したのだった。

あくまでも私の個人的な感想だが、介護の経験のある人は介護職員やその周辺で仕事に従事する人に対する理解の気持ちを持っている。そのたいへんさがわかっているからだ。

その気持ちが長女には決定的に欠落しているのだ。

実際、美代子さんはどんな場合でも、「ありがとうね。こんなことを男の人にしてもらって、申し訳ない」とか「真山さん、本当にご苦労さんね」とねぎらいの言葉をかけてくれる人だった。

手際がよくコミュニケーション能力が高く、加えて理髪技術も優れていないとできない。私は散髪後の女性には「散髪して若返りましたね」と言うことにしている。間違いなく機嫌がよくなるからである。

シングルマザー
介護職の女性にはシングルマザーが結構多い。未経験からの就労も可能で、働きながら資格を取ることもでき、間口の広さも影響していると思う。私などは同じ職場の女性職員に家庭事情など気安く訊けないが、入居者は「あんた、結婚は？　子どもは？」などと遠慮なく、また執拗に尋ねたりするのでおのずと知ることになる。

ただ認知症の進行のせいで最近、それがうまく伝えられないだけで彼女の感謝の気持ちは、その態度や笑顔で十分私にも伝わっていた。それを次女はよくわかっているようだった。

「このままだと別の施設に変える手段もありますよ」

長女が脅しにかかった。

施設長は唇の隅に付着した唾を舌の先でなめている。

長女は立て続けに、母親の服装がだらしない、顔色が優れない、個室のポータブルトイレが古いタイプだとかカーテンが地味*などと言いたい放題だった。

さすがの次女も堪忍袋の緒が切れたのだろう。

「そこまで言うんだったら、姉さんが面倒をみたら？　自分で新しい施設を探して来てよ。できないでしょ」

介護度が急速に上がりつつある美代子さんを快く受け入れてくれる施設がそう簡単に見つかるとも思えない。何より彼女はこの場所が気に入っているのだ。

「母さん、ここでいい？」

さすがの長女も周りの反応に気づき、バツが悪かったのだろう、仕方ないと

カーテンが地味
基本的にクリーム色などの淡色系や、オレンジなどの暖色系のカーテンが多い。コントラストの強い配色だと、疲労感を生み、寒色だと体の冷えにつながるという実験結果もあるため、やはり暖色系の色に落ち着く。ただ本人が阪神タイガースファンで黄色と黒のカーテンを強く希望した場合、施設側としてはそれを否

定することはないと思う。

いったていで言った。

すると、美代子さんが正面にいる私を見てにっこり笑って深くうなずいたのだった。

そのときばかりは嬉しかった。彼女がこれまでのやりとりをどこまで理解していたかわからない。ただ、彼女のあの笑顔は私の財産になった。

爪のいびつな彼女の両足に、時間をかけて靴下を履かせるとき、本当にすまなそうに「こんなことまでさせて……ありがとうね」と言ってくれる。その気持ちがとっさに、あの場面で現れたのだと思った。この仕事をしていてよかったと心から思った。

突然、黙っていた長女が腕時計を見て、

「母さん、また会いに来るね」

母親に話しかけながら立ち上がった。

最後まで彼女は、施設長にも私にも一言のお礼も挨拶もなかった。

第2章

私の〝ホ〟がない生活

某月某日　セクハラ：〝夜〟と〝アッチ〟の話

介護の仕事にセクハラはつきものである。とくにエロじいさんはどこの介護施設にも紛れ込んでいる。

教員や、銀行員、警察官、宗教家、税理士、司法書士など、堅い職業の人に案外多い。

そして歳をとっても、やはりセクハラの対象は若くてきれいな女性職員と決まっている。

介助中にさりげなく、あるいは大胆に女性職員の臀部や胸にタッチしたり、スケベな話をする。

「ねえ、最近、彼氏とはうまくいっているの？」

エロじいさんがにやけ顔で尋ねる。

「別にふつうですけど」

そっけない女性職員。

「夜、アッチのほうはどうなの」

それでもじいさんは食い下がる。この〝夜〟と〝アッチ〟*は昭和生まれの隠語である。

これが一般企業なら、まず大問題だろうが、老人施設だと大目に見る傾向がある。

たまにエロばあさんもいて、やはり若くてかっこいい男性職員に突然抱きついたり、薬の服用の際、錠剤をつまんだ職員の指をなめたり、しぼんだ胸を男性スタッフの顔に押しつけるなどする。

若いイケメンが担当のときだけ「急に足が立たなくなった」などと甘えた声を出し、無理やり抱きかかえてもらおうとする。担当が体を密着した瞬間、彼らの耳に湿った吐息を吹きかけるばあさんもいるという。

なぜか高齢者の女性は相撲が大好きで、テレビ放送中は、ふだんは仮死状態のような車イスの老婆が、女学生のような甲高い声を張り上げて入れ歯が飛び出さんばかりに全身で応援する。そしてやはり遠藤関のような二枚目の関取が贔屓《ひいき》で、

〝夜〟と〝アッチ〟
入居者らが口にする言葉でも、「枕を交わす」「情を交わす」「契（ちぎ）る」「接吻（せっぷん）」などは奥ゆかしいが、「まぐわう」「口吸い」などは少々露骨に感じる。

中には応援中、興奮のあまり失禁する人もいた。
また彼女らが女同士で語る赤裸々な猥談*はある意味、男性のそれよりはるかにすさまじく、こちらが赤面するくらいの話*を平然とする。話しながら奇妙な笑い声を張り上げる。お互い、耳が遠いので自然と声が大きくなる。そのため相手が何度も訊き直すので、大音量で猥談が施設のリビングに響き渡ることになってしまう。

私の場合、禿頭《とくとう》で風采の上がらない中年オヤジなので、ひとまずセクハラの犠牲者にならずに済んでいる。

じつは介護職を離職する大きな理由の一つにセクハラ、パワハラがあげられる。ベテランの女性職員の中には「好きなだけ触らせてやるよ。減るものじゃないし」と笑いながら話す猛者《もさ》もいる。

誰あろう、お局こと北村の言葉だが、エロじいさんからセクハラを受け、嫌がる若い女性職員を一瞥し、「さっさと仕事しなさい」と取るに足らないことだと言わんばかりだ。経験の浅い女性職員には到底受け入れられないことだろう。もちろん、北村に手を出す強者《つわもの》などいない。

赤裸々な猥談
平均80歳以上の女性だけの猥談を聞いてしまったことがある。さすがに行為自体の単語は口にしないが、とにかく雰囲気と会話の間で笑い転げる。じつに楽しそうだ。

赤面するくらいの話
ある女性の話では、家で飼っていた鶏の産んだ卵を2つ提げて、彼氏の家に夜這いをかけることもあったという。「卵2つ」のところで女性たちは笑い転げる。それが男性の睾丸を連想させ、さらに精をつけて今夜、頑張ってという意味があるらしい。

実際、知人が勤める老人ホームで、80代の男性が、20代の女性職員に恋愛感情を抱き、深夜たびたびナースコールを鳴らしては個室に呼び出して、彼女に繰り返し求愛したということがあったそうだ。

ふと、ある友人のことを思い出した。小学校時代の同級生で仕事の都合で現在、名古屋にいる。彼はずっと独身だった。

数年前、酔うとよく飲み屋から私の携帯へ電話をかけてきた。彼は、それほどモテるタイプではなかったが、女性には結構まめな男だった。

「今、俺にはひと回り以上年の離れたかわいい恋人がいる」という自慢話で、電話があるたびにうっとうしいと思いつつ内心、彼がうらやましかった。

そんな彼からある日、遅い時間にまた連絡があった。

突然、恋人から別れ話を言い渡されたと泣き出しそうな声で言う。

「ケンカでもしたのか」と問うた。

「いや、孫の勧めで彼女、老人ホームに入ることになったらしいんだ」

彼の恋人は、ひと回り以上年上で、当時すでに70歳超えだったわけである。唖然とすると同時に笑いが込みあげてきた。彼女は彼が入り浸っていたカラオケスナックのママだったそうだ。

たしかに70歳を超えてもかわいい女性はいる。信じられないくらいきれいな人*もいる。

女性の美しさは年齢によるのではなく、立ち居振る舞いや言葉遣いなど、歳を重ねるほど、その要素が顕著になると思う。この業界にいるとことさらそう見えてしまうのだ。

年齢に関係なく恋愛や性に関することは死ぬまで存在する人間の業であり、色気も高齢者の元気の秘訣なのかもしれない。

某月某日　ヨボヨボ：射し始めた光の中に

夜勤明けの朝、起床時の声がけに西富江さんの部屋に入ると、いつもと様子が違う。部屋全体に酸っぱい空気が漂い、彼女の表情もどこかよそよそしい。すぐに尿失禁だと気づいた。

＊信じられないくらいきれいな人　八千草薫が素敵な年のとり方をしていると思う。老人ホームを舞台にしたテレビドラマ「やすらぎの刻」が遺作になったのが残念だ。品のあるなしの大きなポイントは姿勢ではないかと名女優の立ち姿を見て思った。

掛布団を取ると、予想どおり敷布団に巻いた防水シーツ、彼女の寝間着までぐっしょり濡れている。

「漏れちゃいましたね」

彼女のプライドを傷つけないように声をかけると、富江さんは「あらまあ」と、まるでたった今気がついたていで言う。

シーツを取り換えながら北村や日勤担当職員への言い訳を考えていた。このような場合、大量の洗濯物が発生し彼女らの仕事量を増やしてしまうため、小言の一つ二つ浴びせられるからだ。

本来なら私が小言を言われる筋合いなどない。入居者の生理現象ではないか。ただ私には胸を張ってそう言えない理由があった。

前夜の就寝前、富江さんに紙オムツとパッドを装着するときのこと。寝ぼけ気味の彼女に「腰を真っすぐ浮かしてください」と何度声がけしても、なかなか応じてくれない。つい横着心が出た私は、不完全な体位のままで彼女にオムツを取りつけたのだ。

いい加減な作業のツケがここで回ってきてしまった。オムツの取りつけは介護の仕事の基本ともいわれている。「おむつフィッター」なる資格まであるくらいだ。

失禁の処理をしながら、私はこれまでの仕事での失敗を振り返っていた。

広告代理店の営業担当だったころ、あるクライアントの広報担当の「大丈夫です」という言葉を鵜呑みにし、契約相手の社長決裁を受けないまま作業を進めた挙句、契約が反故《ほご》になった。社内では騒動となり、県外にあった本社まで始末書を持って謝罪に行った。何事も自己判断で詰めが甘く、その結果、失敗を重ねてきた過去を苦々しく思い出した。

部屋から出ると、トイレの前を細山信夫さんが杖をつきながら行ったり来たりしている。

「どうしたのですか」と尋ねると、トイレを使いたいが、赤尾四郎さんがなかなか出てこず困っていると言う。トイレは3つあるが男性用は1つだけなのだ。

「赤尾さん最近モウロクしてるんじゃないの。*もう15分も出てこないよ。あの人、中で寝ていたりして」

信夫さんが腰をくねらせながら、切羽詰まった様子で言う。

じつは赤尾さんは便秘持ちで、排便に時間がかかるのだ。外から赤尾さんに声

モウロクしてるんじゃないの
高齢者同士の言い争いで相手を蔑んだり小ばかにしたりする場合、この言葉か「ボケたんじゃない

がけすると、「もう出ます」と返事があった。

その場を収めてから、大急ぎで朝食の支度を済ませる。

食後、女性入居者に薬がないと指摘され、慌てて捜すと、彼女の足もとに落ちていた。薬の紛失は大問題*で肝を冷やした。

さらに食事の後始末では茶碗を2つ割ってしまった。悪いことは重なるものだ。富江さんのシーツの件も北村に露見した。パッドの濡れ方が片側に偏っていると見とがめられ、オムツの装着不備を指摘され、彼女の容赦ない叱責を受けた。女性担当からも「ただでさえ日勤は人手が足りないのです。これ以上仕事を増やさないで」と愚痴を言われた。

午前9時、ようやくすべての仕事を終え、空の弁当箱を提げて施設から出、マスク*を顎までずらして深呼吸した。

ふと見ると、建物の窓ガラスには、うなだれながら歩く男の姿が映っていた。射し始めたばかりの朝の光の中に、無精ヒゲが伸び、乱れた薄い頭髪で、どこかうつろな表情の男がいた。

力なくヨボヨボと歩く男の疲れた目がこちらを見ている。この施設を去った何

か」のいずれかが使われる。

薬の紛失は大問題
薬を間違ったり、紛失した場合、これは介護ヘルパーの責任であり、始末書ものである。その薬が入居者の健康維持にどれだけ重要か、処方箋を確認し、ある程度は覚えておく必要がある。しかしなかには一度に10錠も薬を服用する人もいて、なかなか覚えられない。

マスク
医療・福祉従事者対象に、市から不織布マスク50枚が支給され、ありがたかった。施設の入居者にも集合する場所ではマスクを着用してもらっているが、いつのまにか外している人も多い。小さ

人もの高齢者たちの顔が浮かんでは消えた。

足もとがよろめき、つんのめりそうになった。

その瞬間、窓の中でいっせいに何かが動いた。室内から、私を心配して手を振る富江さんやほかの入居者たちの顔が見えた。

某月某日 濡れ衣：人の噂も四十九日

夜勤中、ある女性の部屋をのぞくと彼女はテレビを観ながら、「最近の外国人は日本語が上手になったね」と感心したように言う。

昔の洋画が放映されていて、たしかに外国人が流ちょうな日本語で話していた。もちろん吹き替えである。

「本当ですね」と答える。こんなとき、余計なことは言わない。なぜならにがい教訓があったからだ。

私が勤めて半年くらいのころ、施設に入ってまだ2カ月の富山フネさんから声

な子どもにマスクをつけさせるのが難しいように、高齢者にも同じことがいえる。

をかけられた。

「ねえ、職員の稲田さん、あの方、体重80キロはあると思いませんか？」

50代の女性職員・稲田さんは小太りだが、80キロまではないだろうと思った。

「そうかな？　70キロくらいでしょうかね。あまり身長がないですから」

適当に返した。

「あんなに太ると運動不足で病気になりますよね」

まだ稲田さんの体格の話がしたいらしい。

「でも介護の仕事は体力を使いますから、運動不足解消にこの仕事はちょうどいいと思いますけどね」

そう答えてその場は収めたのだが、2日後、施設に着くなり大島施設長に呼ばれた。

「稲田さんが運動不足で体重が70キロになった」と私が言ったことになっていて、稲田さんが怒っているという。

認知症気味のフネさんの話であり、介護の仕事を続けていれば、施設入居者の勘違い、誤解だと想像がつくだろうにと濡れ衣を着せられたことに腹が立ってきた。

　かといって、ここで稲田さんに謝ると、その発言が事実になってしまいそうで、しばらくその件には触れずにいた。それ以来、稲田さんや彼女と仲のいい職員の私に対する態度が冷ややかになった。

　思いあまって大島施設長に相談した。

「まあ、人の噂も四十九日*と言うからね。俺も似たようなことがよくあったけど、そのうちみんな忘れるさ」

　このときほど彼のことを頼りにならないと思ったことはなかった。

ただ彼の言うことがあながち見当違いでないことを、その後少しずつ理解できるようになった。

　介助の作業には細心の注意が必要だが、それ以外の些細なことなど気にしすぎるとこの仕事は務まらないことがようやくわかってきたのだ。

　燃え尽き症候群（バーンアウト）は介護職、医療従事者、対人支援の仕事をしている人に多く見られる症状で、責任感が強すぎたり、ストレスに弱かったり、人の目を気にする神経質な人が陥りやすいという。私や大島施設長の対極にある

人の噂も四十九日
正しくは七十五日。施設の入居者たちの中には75分もあれば忘れている人も。彼らの会話で「人の噂も彼岸までだよね」というのを聞いたこともある。

ような人物である。

　こんな私だからか、入居者からの愚痴を聞かされることも多い。食事の味付け、昼間の行事、風呂の順番の不満、ある担当者の態度が気に入らないなど。

　また、縫い物をしたいから裁縫道具を揃えてほしいと頼まれた。針やハサミを持たせるとケガの心配があるので当然、禁止である。それを施設長や、備品管理の担当者に訴えるも、あえなく却下されたため、改めて私に頼んだらしい。

「一応、上に相談してみますけど、なにせ私は一番下っ端の二等兵ですから、果たしてどうでしょう」

　こんなときはあいまいに笑ってお茶を濁す。

　最近、テレビニュースを眺めながら、フネさんが尋ねる。

「高齢者からワクチンを打つとニュースで言っていたけど、うちの施設では誰から打つの？　年齢順なの？　私は何番目？」

　そんなことが私にわかるわけもなく、適当にごまかすことになる。

　さらにフネさんが続ける。

「私、アメリカ人でなくてよかった」

理由を尋ねる。

「だって、日本に勝った国なのに、アメリカではコロナで何十万人も死んでいるでしょ？　その点、日本人はそこまで死んでいないから。日本人に生まれてきてよかった」

なんとも大雑把で大胆な解釈だが、妙に納得した。認知症*の彼女だが、言葉に真理が含まれていると感心することもある。

「フネさんは情報通だから、コロナくらい平気ですよね」

「真山さん、あんたよくわかってるじゃない」

どこまでものれんに腕押しなのである。

某月某日　お葬式：泣く職員、泣かない職員

介護施設では、職員が人の死に目に立ち会う機会も多い。

介護福祉士で18年間のキャリアがある同年代の友人がいる。彼は数えきれない

認知症
認知症の元警察官が一番手に負えない。介護の作業中、「ちょっと署まで来い」と、彼に連行されそうになった知人がいる。

くらい施設利用者の葬儀に出席したという。

そんな彼がこっそり教えてくれた。

「施設の職員らと一緒に通夜とか葬儀に行くと、必ずその中に号泣する女性が一人、二人いるのだけど、ほぼウソ泣き*だよ」

「そうか？　本当に仲の良かった利用者が亡くなれば、涙の一粒もこぼれるだろう」

「真山、考えてもみろよ。俺がこれまでいた勤務先は少なくても利用者が50人から１００人規模の施設だぞ。毎月５、６人がホームから併設の病院送りになって、そのままあの世逝きなんてザラ。いちいち泣いていたら涙が涸れてしまうよ」

彼は利用者の通夜や葬儀で涙をこぼしたことなど一度もないと言う。だからといって、死者を悼む気持ちがないわけではないとも。

「じゃあ、なんでその職員はウソ泣きするんだ？」

「まあ、そういうタチの女性なのだろうよ。そんな奴に限って、式場を出た途端、車中で馬鹿笑いしているし、故人の悪口言ってたりさ……あきれるよ」

友人の話を聞きながら、頭に浮かんだのは、中国や韓国の「泣き女*」のこと

ウソ泣き
男は女の涙に弱いといわれる。施設にも両手で顔を覆い、顔をくしゃくしゃにして泣く老婆がいたが、よく見ると涙も出ていない。何が悲しいのと尋ねると「覚えてない」と言う。たとえ覚えていなくとも、悲しかったことだけは彼女にとっての真実なのだろう。すべてをウソ泣きと一蹴することはできない。

泣き女
日本でも戦前まで一部の離島などで「泣き女」の風習が残っていたという記録があるらしい。

だった。

「泣き女」は職業であり、葬儀などで人目もはばからず号泣するそうだ。喪主は葬儀を盛り上げるために彼女らを雇い、その人数で財力を示すこともあるという。

私の勤務する施設は小規模型の老人ホームで入居者も10名ほど。入れ替わりはあったが、私はまだ延べ三十数名ほどの入居者にしか関わっていない。

そのうち、今まで施設で亡くなったのは1名で*、施設を退去しその後病院で亡くなったのは4名。夜勤と重なり、入居者の通夜に私自身が出席したことはない。

亡くなったと報告があるたびに「あの人、たしかに最近、世の中を達観したようなことを言い出したよな。やはり死ぬ前だったのか」とか、「スケベだったけど明るい認知症だったな」などと、彼らの元気なころの姿を思い出しては、焼酎を飲みながら洟《はな》を啜ったものだ。

正直なところ、私はここにいる入居者のように年老いてシモの世話までされ、好きな酒を禁止されてまで長生きしたいとは思わない。その考えはこの仕事を始めてからさらに強くなった。

もちろん彼らも今の状態を望んでいたわけではないだろう。身体が衰えていく

施設で亡くなったのは1名
第1章の「不思議な体験」で書いた千代子さんのケース。

状態に腹を立て、時に他人に八つ当たりする彼らを見て、「人は歳をとると丸くなる」というのはまったくのウソだと感じることもある。しかし、彼らの姿こそ十数年後の自分でもあるのだ。

小規模施設なので入居者との距離が近く、親密になりやすいこともあり、介護職歴の浅い私は友人の感覚をまだ理解できないでいる。

今から6年前の話だ。私の伯母は晩年、住宅型有料老人ホーム*のお世話になっていた。夫に先立たれ、子どももなく、持病が悪化した彼女は、そこに籍を置いたまま病院で亡くなった。

地元に数名しか親戚のいなかった伯母の通夜は、寂しいものになると思われた。ところが、ちょうど夕方の6時半ごろ、黄色いトレーナーと下はジャージ姿の集団がドヤドヤと通夜の席になだれ込んできた。その数ざっと20名以上。

通夜の席に不相応な恰好の人たち。彼らは伯母が生前お世話になった老人ホームの職員だった。仕事の合間をぬって、伯母へ別れを告げに来てくれたのだ。

その施設には毎週のように顔を出して、私は施設長や職員らと顔馴染みになっ

住宅型有料老人ホーム
自立した高齢者だけではなく、外部の介護サービスを利用する要介護者も受け入れている。食事、入浴などの生活援助のほか、リハビリなどに対応する施設も多い。

ていた。伯母がわがままを言うたびに、私が間に入って施設長と協議したものだ。

施設長はよく、ひと月以上まともに休みが取れていないとか、「このまま京都とか奈良のお寺のある街に行って、そのまま姿をくらましたい*」と本気とも冗談ともつかない愚痴をこぼしていた。開業まもないころであり、それほど多忙だったのだろう。

介護はたいへんな仕事だな、と気の毒に思ったものである。

「伯母がお世話になりました。わがままばかり言ってすみませんでしたね」

通夜の席で施設長にお礼を言った。

伯母はいつも、一番風呂じゃないと嫌*だと言い張ったり、食事の席を自分で決めるなど自己主張の強い人だった。結局、施設長はほかの方々と調整してくださり、彼女のわがままを聞き入れてくれた。

「いや、あれくらい気丈でなければ頼子さんは激動の時代を生き抜いて来られなかったのでしょうから」

彼はしみじみと言った。

たしかに伯母は波乱万丈の人生*を送った女性だった。施設長も幾度となく彼女

姿をくらましたい
当時、この施設長はかなり疲れている様子だった。今、彼の心情がよく理解できる。開業するにあたり、事情を抱えた入居者やクセのある家族との面談、職員の確保、社員教育、環境整備など苦労は絶えなかっただろう。

一番風呂じゃないと嫌
伯母は「入浴中に失禁する利用者がいて、そのたびに職員が全部お湯を入れ替えるのだが、それでも気持ちが悪いので一番風呂にしてほしい」と話していた。

波乱万丈の人生

の苦労話を聞かされたことだろう。

「本当に、自分を曲げない人でしたね」

私はうなずきながら答えた。

「いろいろとご苦労された方だったみたいですけど、最期は安らかなお顔で、本当によかったです」

彼は微笑みながらそう挨拶してくれた。

通夜の席で泣いている職員は一人もいなかったと記憶している。

まさかその数年後、自分が介護職に就くなど想像もしなかった。

某月某日　**ホがない一日**：「いいや、なんもせんかったよ」

遅番で夕方、施設に行き、夕食の済んだ入居者を車イスに乗せたまま個室へ誘導する。その際、挨拶がてら「今日は何をしていたの？」などと尋ねると、85歳の岸本たか子さんは必ずこう答える。

彼女は婚外子、いわゆる妾の子で、幼いころに養女に出され、小学校を中退し、やがて紡績工場で働き、結婚を三度したが、そのうち二度は同じ男性（私の伯父）だった。高齢者の話を聞くと、このように波乱万丈な人生を送った人が意外に多い。

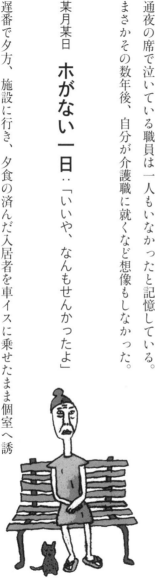

「今日も一日なんもせんかった」

そのやりとりを聞いていた別の女性職員が、

「たか子さんは、今日、上手に絵も描いたし、お風呂にも入りましたよね」

と口を挟む。すると突然、視線がキッと尖り、

「いいや、なんもせんかったよ」とたか子さんは声を荒げるのである。

そのときばかりはいつも穏やかな彼女の形相が変わる。

女性職員はそのまま黙り込んだが、私にはたか子さんの心情がどうにも理解できなかった。中には訊きもしないのに今日はあれした、これもしたと大げさに話したがる入居者もいるのだが。

ベテランの女性職員は「たぶん本当になんにも思い出せず、そんな自分に苛立っていたのでしょうね。いちいち怒るようなことでもないのにね」と言う。

楽天家で明るい性格だった私の母も晩年、認知症になったが、私がたまに実家に行き「今日、何をしていたの?」と尋ねると、「今日も一日、ホがなかった」と笑いながら答えた。

この「ホ」とは私の住む地方の方言で*、稲穂の「穂」、船の「帆」、そのホがない。つまり肝心な部分がない、実りがないなどの解釈や、「法」や「方」がない、決まりごとがない、あてにならないなど諸説ある。要するに、間抜けであるということなのだが、あっけらかんと母が言うと、「そうね、今日一日ホがなかったんだね」と、あまり深刻にならずに母に返したことを思い出す。

母に認知症の症状が出始めたころ、彼女はよく夕方になると実家から50メートルほど離れた坂の登り口にあった食料品店の前のベンチに座り、坂を登ってくる人たちを観察していた。実家は坂を登った団地の一角にあった。

初めてそんな母の姿に気づいたとき、私は車から降りて、「母さん、こんなところで何をしているの?」と話しかけたのだが、彼女は私を一瞥しすぐにまた視線を坂道に戻したのだった。

そのとき、すぐ近くを通りかかった中学生の顔をまじまじと見つめ、声をかけそうになったのである。

私は気づいた。彼女が待っていたのは、中学生のころの私ではなかったのかと。学生当時、よく部活動で遅くなることがあったのだが、そんな日は必ず、その場

私の住む地方の方言
高齢者が話す鹿児島の地方の方言は私の年代でもよくわからない。施設の入居者も例外でなく、さらに滑舌が悪いので何度も聞き返すことになる。なかでも南九州市頴娃（えい）町（2007年合併で南九州市に）の方言は、その難解さから「エイ語」と揶揄されていて、私自身もこの方言だけはまったく理解できない。

所で心配顔の母が私の帰りを待っていたことを思い出した。

施設の老人たちも、夕暮時になると外に出たがったり、「家」に帰りたがったりすることが多い。このときの「家」は生家を指している場合が多い。

これらの行動を介護の専門用語で「夕暮れ症候群*」というそうだ。

たしかに認知症の老人たちにとって、身の回りのことを職員にゆだね、準備されたことを受け入れる変化の少ない日常は、たか子さんが言うように「なんもせんかった」ことと同じようなものかもしれない。

認知症が進んだ人の中には自分の夫や妻、子どもまですっかり忘れている人も多い。たまに思い出す人はまだいいほうだ。

ときどき子どもや親族が面会に来てくれる人もいるが、「よかったね。今日はわざわざ長男さんが来てくれて。ヤクルトの差し入れもあったし、やさしい息子さんだね」と言うと、意外そうな顔で息子は何カ月も来てないし、話してもいないと主張する。つまり何もなかったことになっている。

残念だが認知症の人にとっては、今あることがすべてなのだと納得するしかないと思う。

夕暮れ症候群
不安や虚無感、ストレスなどが背景にある。また幼少期や若いころの自分に戻っているケースもあるという。家をリフォームしたりすると、同じ家に住んでいても、以前の状態の家に帰ろうとする。

ただ、そんな方でも昔のこと、とくに記憶に焼きついた遠い昔の体験だけはじつによく覚えている。

一般的に、戦争体験者が語る話*は本当にリアルで、何度聞いてもその内容にぶれがない。

それこそ、たか子さんがそうだった。

子どものころ、防空壕に逃げ込んだ経験を何度も話してくれた。そのとき、同じ壕にいた人たちの名前や年齢、そのときの様子までじつに克明に語る。まるで記録映画を観せられているような気分になるほどだ。

歳をとるごとに時間が加速*するようだと施設の年配者は口を揃えて言う。私も年々それを感じている。

5歳児にとって一年は人生の5分の1だが、60歳の人間にとって一年は60分の1にすぎない。また人生が長くなるほど新しい経験や刺激的な出来事が減少し、さらにそれが記憶にとどまらない分、時間の感覚が希薄になり、体感時間が加速するという説もあるそうだ。

この説が正しいとするなら、まさにたか子さんにとっても一年なんてあっとい

戦争体験者が語る話
戦地で過酷な体験をした元兵士の老人は、戦時中のことを多く語らない。思い出したくないのだと思うその気持ちは理解できる。その点、女性はよく話してくれる。ただテレビなどで空襲の場面があると、まともに見られないと言った人もいる。

歳をとるごとに時間が加速
上司から叱られているときは時間が長く、友人らと遊んでいるときは短く感じる。心の持ち方で時間の速度が変わる。これを心理時間というそうだ。なんにでも好奇心を示し、興味を持ち、チャレンジするお年寄りは、時間の速度は速くなるだろうが、充実した時間をすごすことで若さが保たれるのかもしれない。

う間だ。それはそうだろう、「なんもせんかった」日々が大半なのだから。

某月某日 職業病：お年寄りが気になって仕方ない

老人介護施設で働いていると、音に敏感になる。ナースコール、足もとのおぼつかない人を見張る足もとのセンサーマット、警報機、入居者が勝手に外に出ないためのドアの開閉センサー、電子レンジの音、転倒音や物が落ちる音、引きつったような笑い声、叫び声……。

夜勤明けにビールを買いに立ち寄ったコンビニの、ピンポーンという入り口のセンサー音がナースコールに聞こえ、ビールを落としそうになるほどドキッとしたことがある。

また、夜勤が続くと曜日の感覚がなくなる。* 以前はお気に入りのテレビ番組やドラマなどで、今夜は9時からあのドラマがあるから月曜、などとある程度わかっていたのだが、とくに夜勤明けで、夜中トラブルが発生して寝不足だったり

曜日の感覚がなくなる 入居者に曜日を訊くと、かなりいい加減な返答である。そこで手書きのカ

すると、わけがわからなくなる。

家に戻り朝刊を広げて初めて今日はX曜日だったと気づくこともよくある。そもそも介護施設は日曜も祭日も関係ない。また夜勤明けは妙に朝日をまぶしく感じたりする。夜の水商売の人たちの感覚に近いのかもしれない。

音に敏感になると書いたが、逆にまったく物音がしない夜勤も不安である。

頻繁にトイレに行く入居者がまったく個室から出ないと、まさか死んでいるのでは、気絶しているのでは、などと考えしまう。とくに冬場などヒートショック*で亡くなる老人が多いからだ。

また運転中、フラフラしながら歩道を歩いているお年寄りを見かけると気になって仕方がない。施設にいる入居者と同じ年恰好の人だったりするとなおさら気がかりで、近くを歩いている若者に「君、その人の介助してくださいよぉー」などと、独り言をつぶやきながら運転している。

地方の農村に行くと、農道を結構なお年寄りがバイクに乗って走っていたり、腰が「くの字」よりさらに曲がった「つの字」の老婆が手押し車を押しながら歩く姿をよく見かける。

レンダーを作成してもらう。それでも月、日を正確に書ける入居者は少ない。ところが自分の誕生月だけは間違わない。しかし、いくつになったか尋ねると、女性の場合20以上サバを読んだりする。

ヒートショック
気温の変化により血圧が上下し、血管性疾患が起こる。冬場、リビングから温度差のある浴室やトイレに入るときなど多発する。風水や家相で「鬼門」という言葉があり、北東の方向を指す。この方向は日当たりが悪く、冷えやすい位置なので、昔から風呂、トイレは造らないほうがいいといわれた。つまりヒートショックとも関係していたわけである。

その傍らを軽トラが通りすぎていくと危なっかしくて仕方がない。いつの間にか施設の外でも老人の行動を観察する癖がついてしまったのだ。

蕎麦屋で老夫婦が蕎麦を食べている場面に居合わせたときのこと。2人とも食べ方がとてものろい。蕎麦が冷めてしまいそうで気が気でない。施設での食事介助と同じように、彼らが口を開けると、自分も一緒に「あ～ん」と、つい口を開けてしまった。

日常のさまざまなシーンでお年寄りの姿が気になる。これも介護職の職業病なのである。

某月某日 **毎日、死化粧**：100歳のつぶやき

児玉松代さんは施設の中でも最年長、御年100。彼女の個室の壁には内閣総理大臣から贈られた額縁入りの100歳祝いの賞状がかかっていた。

賞状が届いた日、彼女の部屋に入ると誇らしげに指さしてそれを見ろと言う。

「総理大臣からもらった賞状ですね。すごい」

私が感嘆の声を上げると、

「でもね、年々お祝い金が減っているらしいよ」と大仏様のように指で丸をつくりニッと笑った。

なんといっても日本の100歳以上のお年寄り＊は8万人超えである。役所から節目の年にお祝い金が出るそうだが、財政難から金額は年々減少傾向にあるという。

耳が遠く、ややピントはずれの部分はあったが、松代さんの頭はまだ十分しっかりしていた。

彼女は朝起きると、必ず化粧をした。

私の差し出す温かいおしぼりで顔を拭いた後、まず櫛で髪の毛を整えてから化粧水を顔につけ、小さな掌でパンパンと頬を叩く。それから白粉《おしろい》をつけ、最後に薄紅色の口紅をさす＊。その様子を見ている私に「毎日、死化粧ね」と冗談まで言う。

小食だったが、おかずは残さず平らげた。肉類、とくに鶏肉が好物で、総入れ

100歳以上のお年寄り
8万人のうち約9割が女性。日本人の平均寿命は女性が87・5歳、男性が81・4歳（2019年現在）。65歳以上の高齢者は人口の約3割で、今後まだまだ上昇するという。2025年には20歳から64歳までの人1・8人で65歳以上の人1人を支え面倒をみる計算になる。お祝い金どころではなくなりそうだ。

口紅をさす
100歳になってもきれいに薄化粧する人もいれば、引いてしまうほど厚化粧の人もいる。ある女性は手元がおぼつかず、口紅が唇から大幅にはみ出し、福笑いのようになった。思わず笑ったら、その日一日、彼女から無視された。

歯のわりに、どんなものでもよく噛んで食べていた。そしてとにかくよく水分をとった。

吸いのみに入れた水やお茶を、目を閉じ、「もういいですよ」とこちらが止めるまでひたすら飲み続ける。たくさん水分をとるので、尿の量も小柄な体からは想像できないくらいに大量だった。そして彼女はほとんど便秘をすることがなかった。高齢者としては、とても珍しいケースである。それは十分に水分をとるからだと思われた。

じつは施設の入居者、とくに女性の大半が便秘である。それで就寝前に便秘薬を飲ませることになる。

夜勤明け、日勤の職員が来ると、「○○さんと○○さんの便出た？」「量は？」「硬さは？」そんな会話が、挨拶代わりに交わされる。高齢者は腹圧が弱く、運動不足のため便秘になりがちなのだ。

それでも長い期間排便がない場合には、肛門に潤滑剤をつけ、指で便をほぐしながら掻き出す作業を行なう。これを「摘便《てきべん》」という。ただし、この作業は医療行為にあたるので現在のところ、介護職の私にはできないことになっている。

松代さんは、小柄な体をベッドに横たえたまま、「あなた、給料ちゃんともらっている？」と尋ねる。

「はい、ちゃんともらっていますよ」

「５０００円くらい？」*

「はい、それ以上もらっていますよ。安心してください」と答えると、彼女は目を細めて、「どうにか生きていけそうね」と微笑んだ。どうやら彼女はいつも、ほかの職員から叱られてばかりいる風采の上がらない私を不憫に思っているようだった。

　彼女の部屋の棚には当時、芥川賞をとった若手作家の小説があって、たまに読んでいたようだが遅々として進まない。本の間に挟んだしおりでそれがわかった。すぐに眠たくなるようだ。胸のあたりに本を広げた状態で眠っていることもよくあった。

「この小説、面白いですか？」

　あるとき、尋ねたことがある。すると彼女は、

５０００円くらい？

日給か、月給か、はたまた１００歳の彼女がいつかの時代の給与と勘違いしていたのか知る由もない。仮に昭和25年とすると、月の平均給与は１万円程度らしい。やはり彼女は私を薄給の可哀想なおじさんと認識していたのかもしれない。

「全然面白くないね。だからなかなか先に進まないのよ」との感想だった。

「だったら、別の本に変えたらどうですか？」*などと1世紀以上生きた人に言ってはならない気がした。そんじょそこらの年寄りとはわけが違う。

自力では歩行も困難な彼女だったが、逆に私の体を気遣ってくれた。

「たまには栄養のあるものを食べないとダメだよ。ちゃんと食べている？」

やはり私が貧乏人だと彼女は見抜いていたのだ。

生涯2度目の東京オリンピックを楽しみにしていた松代さんはこの翌年、搬送された病院で亡くなった。

別の本に変えたら
高齢者向けの活字の大きい本が出版されていて、試しに施設に持っていったところ、子どもの本のようだと拒否された。

某月某日 **自慢話**：「個人の尊厳と価値」を守るために

介護研修のテキストに、介護の基本的理念は「個人の尊厳と価値を守ること」であり、介護を志す人には「深い人間理解」が求められる、と書いてある。

たしかにそうかもしれない。

さらに、その本には、人は「生涯発達しつづけ」、老年期は「人生の収穫期」であり、「人生の集大成」であると、高名な学者の言葉まで掲載されていた。ただこれは、かなり個人差があるのではないか、と施設にいる大半の高齢者たちを見ながら思う。

つまり、彼らの残り少ない人生の心の支えは、過去の実績、プライド、悪く言えば見栄がその大部分を占めているような気がしてならないのだ。

それを実証するかのように施設のお年寄りたちは口を開けば自慢話をする。しかも、とても「人生の集大成」などという言葉とはほど遠い内容がほとんどだ。

当然、職務上、私も彼らの話をまじめに傾聴する。彼らに対する「深い人間理解」が求められるからだ。

明らかにホラ話だとわかっていても「それはすごい」などと、おだてながら聞く。彼らの「尊厳と価値」も守らなければならないからである。

しかしながら、これにはかなりの忍耐力がいる。他人の自慢話ほど退屈でつまらないものはない。老人にありがちな、途中で急に話が飛んだり、つじつまが合わなくなったりするのでなおさらである。

私が勤務する施設の高齢者が語る自慢話はだいたい以下のようなものだ。

園田福子さんの場合。

ひとまず、息子、孫自慢が王道で、起承転結の「起」にあたる。

「うちの息子は、国立大学を出て、いまK銀行の支店長なのよ」

「すごいですね。やっぱり福子さんの息子さんだ」

大きくうなずいてみせる。

「孫も、今度、教員試験に受かったのよ。国語の先生になるの」

「優秀な家系なのですね」

さらに持ち上げる。

続いて自分の自慢話へつなげていく。

「私も、尋常小学校で国語の音読が上手で、よくみんなの前で読書感想文を読まされていたの。本が好きでしたから息子たちの手が離れたころから、俳句を始めたのね。そしたら有名な句大会で一席を1回、二席を2回もらったのよ。俳句の先生もびっくりしていたの。だって始めて2カ月も経たないころでしたから」

そう来たかと思った。自分の才能が孫に受け継がれたのだと言いたいのだ。

起承転結の「承」だろうか。

「やっぱり才能ですね」

言いながらたしかに話の運びがうまいと妙に感心する。

「私の弟は、子どものころから勉強が苦手で、頭を使わない仕事がいいって、トラックの運転手になったの……でもね」

起承転結*でいえば、これは「転」にあたるのではないだろうか？　急に話の流れが変わった。ただ、トラック運転手に失礼な気がしないでもない。

「その弟が、どういう経緯か知らないけど、新聞社主催のエッセイコンテストに運送業界のことを書いた作品を出して突然、優秀賞もらったのよ」

「それはすごい。やっぱり、血筋ですね」

なかなかの展開である。

「お祝いも兼ねて、すぐ弟に電話したのね。いつから文章なんて書いていたのか訊いたの。そしたら、初めて書いたエッセイだって言うのよ。それがまぐれで賞をもらったって」

「う〜ん。それこそまさに才能ですね。さすが福子さんの弟さんだ」

起承転結
高齢者向けに人生の回想や自分史を起承転結を活用して書かせる文章教室が静かなブームらしい。多くの人が苦労するのが、人生の荒波を経験する40代から60代の「転」の部分だという。

「結局、教養が人生を豊かにするってことね。真山さんも本くらい読んだほうがいいですよ」

最後は福子さんの決まり文句で終わる。起承転結の「結」といったところか。

福子さんのように優秀な子どもや身内がいない人の場合は、やや自慢話のフィールドが広くなる。

「私の姪っ子が国体の走り幅跳びで九州で4位になったのよ」とか「甥が高校の絵画展で奨励賞をとった」といった調子だ。

証拠品としてその記事が掲載された新聞の切り抜きなど見せられる。中には自分の家系図*のコピーまで持ち出して自らのルーツを語る人もいた。

また、「私の夫の肩幅はプロレスラー並みにとっても広かったのよ」などと、わけのわからない自慢もあった。

「うちは、昔から豪農で△△町の20%の農地は、私の実家のものだったけど、農地改革でほとんど二束三文でとられてしまったのよ」

そんな家柄の人が、なぜうちみたいな利用料が低価格の施設に入っているのと突っ込みたくなるが「そうなんですね」と感心するふりを装う。

家系図
家系図調査の仕事をしていた知人から奇妙な話を聞いた。ある老婆は4人兄弟の長男と結婚したが、彼が戦死。次に次男と再婚するも今度は病死。続いて三男と結婚し、その人も亡くなって、現在四男と結婚しているという。知人は「かなりいい女だったのかもな」と言っそんな身内もなく家柄も誇れない人の場合。

「私の長男の一番の仲良しだった人がいたのだけど、その子、すごいのよ。NHKのど自慢*で鐘3つもらったんだから」とか、「演歌歌手の○○、私の次男の同級生で、よく家にも遊びに来ていたのよ」なんてのになると、すでにただ知っている人になっている。

そんな知人もいない場合。

「昔、私が飼っていた犬の小次郎は、家の玄関口で主人の帰りをずっと待っていたの。感心な犬だって近所でも評判だったのよ。キュウリが大好物で、頭にはハート型の模様もあって」

もはや自慢の対象が人間ですらなくなっている。

さらにそんな親族も知人もいなければ家柄でもなく、ペットすらいない場合。

「家の畑でとれた変わった形の大根が、13年前、地元の新聞に写真付きで掲載されたんだ。女性の下半身を連想させるようだって近所で評判になってね」……。

81歳の町田明子さんは、とくに記憶に残る自慢屋である。

た。私は、結婚した男性が偶然とはいえ次々に死んでしまうことのほうが怖い気がした。

NHKのど自慢
高齢者はNHKの長寿番組「のど自慢」が大好きである。なかにはテレビを観ながら歌う入居者もいる。ただ歌詞をほとんど覚えていないので、北島三郎の「与作」などは「ヘイヘイホー」の部分しか歌わない。それなのに臆面もなく歌う姿が最近いとおしく思えてきた。

明子さんのそれに必ずケチをつける坂元康子さんとのやりとりは、傍で聞いているだけでじつに見苦しかった。

ただし、周りは暇な年寄りばかりなので、中には妙に感心したり、感情移入し、話を聞いたあと、ほんのしばらくの間だけ、明子さんへ羨望のまなざしを向ける人もいたが、それも1時間後にはほとんどが忘れられていた。

よってその自慢話は、施設の中でルーティーンのように繰り返されることになる。また始まったかと思うことがしばしばあったが、入居者らは飽きもせず、あたかも初耳のように聞いていた。

「私の夫は行政書士だったのよ」

明子さんが自慢した。

「私の甥の次男も行政書士よ。今は難しいけど昔は行政書士の資格も比較的とりやすかったそうよ」と、康子さん。

「違う、違う。村で初めてその資格をとったのが、私の主人。で、成績も試験会場で一番。だから総代で免状をもらったのよ」

「医者とか弁護士ならまだしも……」

また康子さんがケチをつけた。すると明子さんはむきになる。

「私の実家は、E町の1丁目。あそこはかつて城下町で一番の中心地で、うちのご先祖はお殿さまに仕えていた家系だったからその一等地に住めたの」

「所詮、ただの家来でしょ？」康子さんがからむ。

「今、そのお殿さまの名前は地元の地名にもなっているのよ。今和泉って駅があるでしょ。あそこの家臣の家柄*なのよ」

マイペースで明子さんが続ける。

「今和泉って以前、行ったことがあるけど、何もないド田舎でしたよ」

すると、急に明子さんが眉を吊り上げる。

「康子さんは大隅出身でしたよね。大隅一帯、ほとんど高い建物がなくて、だだっぴろい畑があるだけでしょ」

「馬鹿にしないで。大隅といっても、私は鹿屋市よ。商店街もあるし、自衛隊基地だってある。サンシャイン池崎さんっていう大人気の有名人の実家がすぐ近くでタバコを作っていたのよ」

入居者たちのどこまでが事実かわからない、くだらない内容の自慢話を書いて

家柄
家柄を自慢する高齢者は多い。鹿児島には下級武士の家が多かった。西郷隆盛も下級武士の出である。入居者から「あなたは、源氏、平氏のどちらなの？」と聞かれた。「知らない」と答えると、そんなことも知らないのかと鼻で笑われた。

いてふと気がついた。もしかすると私は、彼らのとりとめもない話を聞くことにある種の快感を覚えているのかもしれない。

某月某日　占い師：なぜ占いが当たるのか？

以前、繁華街で飲み屋を経営しながら有料で占い師をやっていたという入居者がいた。吉原純一郎さんは神経質そうな痩せた男性で、ちょっと風変わりな人物だったが、なぜか私とは馬が合った。

何が気に入らないのか、三食まったく食事を拒否したり、頑なに固い床に寝るなど、彼の体調に気を揉んだことがあった。年齢のわりには頭がクリアだったが、左足が不自由だった。

話好きで、部屋をのぞくと待ちかねたように昔話を始めた。書棚には占い関係の本がたくさんあり、姓名判断と手相占い*が専門だったという。

彼は体調を壊していて、この施設に居られるのも半年くらいだろうと自分を

手相占い
手相占いに興味があった

占っていたが、結論からいうと当たっていた。

私も若いころから占いに興味があったのでいろいろと尋ねた。

「占いとか、実際、当たるのですか？」

「まあ、もともとは確率論ですから。私の場合は素人に毛が生えたくらいのものですけれどね」

「そうなんですか」

「それでも、そこそこ当たると評判でそれなりに商売になりましたよ。飲み屋と兼業でしたからね。とくに夜の商売のお姉さんたちは占いが大好きでしたから」

「どんなふうに占うのですか」

「まず、相手が酔った客だとわかったら、ひとまず一つ当ててみせます。たとえば、『あなたのお父さんは〝亡くなっていないですね〟』という初歩的な手をよく使っていました」

つまり、「亡くなって、もう居ない」と、「亡くなっては、いない」と、両方解釈できる言い回しであり、訊かれた客は「どうしてわかるのですか？」と驚いた後、純一郎さんを信じてペラペラと秘密を打ち明けるそうだ。その時間差を利用

私は、それとなく入居者たちの手相を盗み見ることがあった。長くてくっきりしているほうが健康で長生きするとされる生命線（人差し指と親指の間から手首方向へ伸びる線）を見ると、90歳以上の女性や１００歳まで生きた児玉松代さんの生命線はたしかにそれに該当していた。

して質問に答え、「なんでそんなことまでわかるのですか」という言葉が出れば、もうこっちのものだという。

姓名判断と手相もあわせて占うと、さらに信憑性を持つ。

そもそも20歳すぎの女性が飲み屋のおやじに「新規事業のことで訊きたいことがあるのです」とか、「経営している会社が回らなくて」などと相談に来る確率は極めて低い。彼女たちの相談事は8割がた恋愛に関することである。逆に50がらみのヨレヨレシャツの男性が「恋愛のことを占ってほしい」なんて相談に来る確率は皆無に等しいので、見た目でほぼ相談内容を予測できるという。

さえない中年男の相談内容は、事業の資金繰りや、リストラ、転職の相談など、そのあたりが相場で相手から切り出される前に、「仕事がたいへんですね」と、したり顔で先に切り出せば、おおむね懐柔できるそうだ。あとは相手の話に合わせて、うなずきながら話の内容を復唱すればとくに酔った客の場合、占いは必ず当たる。客自らが答えを出してくれるのだという。

また、姓名判断にまつわるユニークな話を教えてくれた。昔の歌手は芸名に左右対称の文字を使った人が多いという。舟木一夫、美空ひばり、千昌夫、言われてみればそんな気もするが、あえてそんな人を選んでいる気がしないでもない。

また、近代の元号で悪い画数はないという。

令和になったころ、純一郎さんが奇妙なことを言っていた。

「令和って字画も音もじつにいい元号なのですが、ローマ字に直すとちょっと困ったことがありましてね」そう言いながら彼が紙にペンを走らせた。

「ＲＥＩＷＡ、ほら『ＷＡＲ』が入っているでしょう」

「そ、そうですね」

「戦争ですよ。それも日本が巻き込まれる経済戦争みたいなものかもしれないですね」

彼は本心から困ったような表情をした。

令和元年の７月に彼は施設を去った。さすがに新型コロナのことまでは予言しなかったものの、たしかに感染の影響が引き金になって米中の貿易摩擦がさらに激しくなり、彼のいう経済戦争が始まっているのかもしれない。まぁ、これは誰でも予測できることではあるが。

純一郎さんに私の姓名判断をしてもらったことがある。かなり当たっていたと思うが、彼のテクニックからすれば、それも当然な気がした。なぜなら彼の前で、私はかなり饒舌になっていたからだ。

土木、建設業を営む父のもと、幼少期は裕福だった。

父の子育て方針は「犯罪者にさえならなければ生まれてきただけで親孝行」というもので、比較的自由に育てられた。放任主義の父と能天気な母に育てられた私は、結果のんき気な人間になってしまったのだ。

高校は地元でもそこそこの進学校だったが、本来、画家志望で、絵ばかり描いていたため、当然のように大学受験に失敗した。一浪後、なんとか三次志望の私立大学に合格したものの、性懲りもなく美術部で油絵ばかり描いていた。

卒業後、地元に帰り、親の仕事を手伝いながら、環境商材の会社を立ち上げ、同時に居酒屋2軒の経営にも手を出した。

ところがいずれもうまくいかなくなり、その挙句に、50代半ばから老人ホームで高齢者のオムツ交換をしている身の上である。

「真山さんは、先見の明があってアイデアはいいのだけど、地道に息長く商売をやることができませんでしたね。まだ熟していない果実にすぐ手を伸ばしてしまうところがありましたね」

まさに純一郎さんの占いのとおりだった。

居酒屋は居ぬき物件*で経費を抑え、高齢者雇用の補助金を受けながら居酒屋などの勤務経験がある高齢者を雇うスタイルの店だった。知人の紹介でいい人が見つかったが、いかんせん老女たちは腰痛だの、風邪をひいたなどと言って、すぐに休む。それでは店が回らない。店の立地もあまり良くなかった。そこで配達が可能な範囲にチラシをまき、さまざまな酒の肴を詰め合わせた「晩酌セット」の宅配を始めた。

コロナ禍でとくにデリバリーが脚光を浴びているが、あのころ、同じようなことをすでに始めていたのだ。

ただこれにも問題があった。彼女らは車の免許どころか自転車すら乗ることができない。結局、配送人をほかに雇うしかなかった。人件費がかかりすぎた*のだ。

環境商材のほうも目のつけどころは良かったと思う。これも70歳すぎの知り合いが開発した、草の生えない舗装材の販売と施工だった。

居ぬき物件
前の店の内装、厨房機器などの設備が残ったままの物件のことで、次に使う場合、初期投資が抑えられるメリットがある。それでも以前不振だった場所で同じ業種を営むには勇気がいる。私の場合、居ぬき物件で同じ居酒屋にチャレンジしたが、やはり失敗した。

人件費がかかりすぎた
彼女らは体調を崩すことが多くシフト調整がたいへんだった。さらに彼女らは気立てのいいばあさんばかりで、解雇もできなかった。

なかなかいい商材だった。庭や舗道など、高齢者は草取りがおっくうになる。そこで私の会社の舗装材を混ぜた土で舗装する。透水性があるので水たまりにならない上に、打ち水効果で夏場など雨が降ると涼しい。ただ、当時まだ認知度が低く施工に手間取ったので、なかなか広まらなかった。

考えれば、なぜか私は運命のように年寄りに関わってきたわけだ。

数年でその事業も撤退することになったが、その数年後、太陽光発電が普及しはじめ、農地や原野など、太陽光のパネル周りの雑草の除草に経費がかかるという話になり、ある企業から引き合いがあったが、そのときにはすでに商材の製造も販売もやめていた。

「もう少し辛抱していたら、大規模な受注ができたのに」

この話を持ってきた土木会社の社長に残念がられた。

今までいろいろな仕事をやってきたが、思うようにいかず挙句の果てに借金に追われ、不動産を処分し、現在は家賃5万円の古マンションに妻と2人で暮らしている。

これまで社長とかオーナー、常務などと言われてきた日常から、職場では一番下っ端の身分になった。これまで私の周りにいた人たちも瞬く間に離れていき疎遠になった。

都会に憧れていた子どもたち*は、さっさと家を出てしまい、たまにメールをしても返信すらしてこない。次々と新しい事業に手を出しては失敗を繰り返す私の無様な姿を見て、半ば呆れていたのだろう。

妻は経済的にも苦しい中、認知症になった私の母と、母が亡くなってから同居し94歳で往生した父の面倒をみてくれた。彼女には一生頭が上がらない。

純一郎さんに私の老後を占ってもらったことがあった。私には20年周期の大きな運勢の波があるという。

20代のころは、親元を離れて、自由を謳歌した。40代で人並みに家庭を持てたものの、振り返るとこのあたりが分岐点だったのかもしれない。少しずつ仕事の歯車が狂い始めた。そして60代は彼いわく「大きな波が来るよ」。

さて、いい波に乗れるかどうか。結局、それも自分自身次第ということだ。

子どもたち
31歳の長男は地元の大学を出て、地元企業に就職したが、数年で仕事を辞め、昔から憧れていた東京に出て行った。26歳の次男は関西の大学を卒業後、そのまま東京の企業に就職した。私とは音信不通であるが、それでも妻とはたまに連絡を取り合っているらしい。

第3章

すぐ辞める人、まだ辞められない人

某月某日　ズルイ仕事：よい施設の見分け方

介護職に就く前の数年間、広告代理店で広告取りの仕事を経験した。その会社が倒産、すぐに生活が困窮*し、私は介護の世界に入った。

その広告会社の営業で、私はたくさんの老人ホームを見た。そして介護関係の施設にもピンからキリまであるのだなあ、と部外者の目からも感じたものである。

広告会社の主力商品は、市町村役場から住民へお知らせなどを送る際に使う行政用封筒の裏のスペースや、ゴミ分別カレンダーの空きスペースに地元企業の広告を掲載し、その広告料で封筒やカレンダーの製作費、印刷費用を賄い、会社が役所にそれらを無料で提供するという仕組みのものだった。

まず役所の媒体という安心感がある。もちろん、怪しげな企業は役所の審査会で広告のスポンサーに選ばれない。

役所は経費削減ができ、私の勤める会社はそれなりの金額で広告収益を上げら

生活が困窮
退職理由が自己都合でなかったことで、給付制限期間3カ月を待たずに失業保険を受給できたのはよかったのだが、前職の7割程度の受給額で、14万円程度にしかならず、妻の冷たい視線を感じる日々だった。

れるというメリットがあった。

地元企業は大なり小なり役所の世話になっている。役所の代役でやってきた広告代理店とはいえ、むげに広告掲載を断れないという裏事情をついたじつにズルイやり方だった。

ただ、中にはそれなりのレスポンスが見込める商品もあった。

役所の介護保険課などから住民へ「要介護認定通知書」などを同封して送る封筒は当然ながら老人ホームやデイサービスなどの介護関連施設に人気があった。役所から届く封筒裏の広告である。見ようによっては、あたかも役所がその施設を推奨しているかのようなニュアンスが漂うのだ。

「広告を出したら、入札指名とか多少メリットがあるんだろうな」などと、役所発注の事業を入札で請け負う建設会社などの代表者から言われたことが何度もあった。ただそれに「ありますよ」などとは口が裂けても言えない。

実際、役所の忖度《そんたく》などあるはずもない。ただ、こちらは広告の契約が欲しいので、そんなときは「そのあたりはお察しください*」とどちらともとれる返事をしていたものだ。

お察しください
じつに使い勝手のいい言葉。あとで「話が違う」と相手から指摘されても、あなたが勝手にそう思ったのでしょうと言い訳が立つ。ただ、介護施設の入居者には通用しない。何も察しないからである。

封筒よりも人気があったのが、役所が配布するゴミ分別カレンダーだ。

各家庭の冷蔵庫のドアなどに一年中貼られるので住民が毎日のように目にするからだ。

このカレンダーの広告スペースは当然ながらゴミ回収会社に人気があり、それ以外にも、遺品整理*の専門業者や、老人ホーム、病院、シロアリ駆除業者、工務店、葬祭場などにも評判がよかった。

今まで葬祭関連は積極的な広告が出しづらい業界だったらしく、ほとんどの市町村で、地元の葬儀社がこの行政のお墨付き企画に飛びついた。ある市では、ゴミ分別カレンダーの下の広告で一枠4センチ×8センチ程度で15万円の広告料金がとれた。部数5万枚ほどだが、住民から1本連絡があれば十分元が取れるという計算が立ったらしい。

このとき、営業で飛び込んだ中に、NPO法人が経営する、自宅をリフォームしたデイサービスの施設があった。カーナビでアタリをつけて施設を捜すもなかなかたどり着けない。ずいぶんと辺鄙《へんぴ》な場所にその建物はあった。

庭にはたくさんの野菜や花が植えられていた。

遺品整理

独居老人が亡くなったあとの家の掃除と遺品整理の仕事をしている知人から聞いたところによると、夏場は扉を開けた瞬間、スプレー式の消臭剤数本を同時に噴射し、しばらく時間を置いてから入室するそうだ。畳に亡くなった方の影のようなシミが残っていたこともあったという。私にはできそうもない。

古びた建物を外からのぞくと、5人ほどの高齢者が遊戯をしながら歌を歌っていた。にぎやかな笑い声が聞こえる、若い夫婦の経営する施設だった。代表者は、自分の親を介護するため仕事を辞め、都会から田舎に帰ってきて今の施設を始めたという。地元に安価で高齢者を預かる施設が少なく、自分の親の介護で困ったことが開設の動機だと言った。

とても感じのいい人たちだった。私と話している間も、入居者たちが、彼ら夫婦にまるで自分の息子や娘のように気安く「シンちゃん、次の曲を歌おうよ」とか「キヨちゃん、このおじさん誰？」などとにこやかに話しかける姿を見て、家庭的でいい施設だなあと思ったものだ。とにかく入居者たちが笑顔で明るいのだ。この場所にいることが楽しくてしょうがない、そんな空気感があった。「役場にはお世話になっているので協力したいけど、今はまだ経営的にきついですね」と言われ、結局その施設から広告の契約はもらえなかったが、なんだか清々しい気持ちで帰路についた。

これとは対照的な老人ホームもあった。施設長にアポイントをとり、時間前に到着したが、かなりの時間待たされた。まるで高級ホテルのような造りの建物で、入居保証金も月々の費用もかなり高額な施設だった。館内には静かなクラシック音楽*が流れている。しかしリビングで休んでいる入居者たちにはどの顔にも笑顔がなかった。職員たちがせわしく走り回っていたが、職員の表情も乏しかった。

応接室で待たされる間、職員の声が聞こえた。職員が入居者を叱るような声だった。

50がらみのいかつい感じの施設長へ広告の説明をしているほんの15分ほどの間にも、彼のスマホには職員から連絡が次々に入った。

彼は明らかに苛立っていた。

「仕方がない。睡眠薬を追加」とか「時間を置けば忘れるから、それまで放置でいいよ」などと職員に指示を出していた。

ようやく私の説明が終わると、提出した広告の企画書を手に取りながら、

「役所がらみの企画だから、一応話だけは聞いてやろうと思ったけど、あんたたちのやっている商売、なんとかって言うよな、ことわざで」

彼がこもった声で言った。

「ことわざですか？」私は訊き返した。

クラシック音楽
クラシック音楽を聴かせると、乳牛はミルクをよく出し、鶏は卵を産み、赤ちゃんの胎教にも効果があるという。鹿児島には蔵に音楽を流し、焼酎の熟成の効果を高めた「音楽仕込み」というものもある。介護施設でも入居者の不安や緊張、職員のストレスを軽減する効果も報告されている。一方でBGMに演歌を流している施設もあって居酒屋みたいだった。

「思い出した。虎の威を借る狐だ」

あまりに露骨な言葉に、私はなんと返したか覚えていない。

結局、検討すると言いながら、その施設とは契約まで至らなかった。よくあることで、すぐにあきらめはついたが、そのことよりも施設長も含めてその施設の印象が悪かったことだけは鮮明に覚えている。あんな男が施設長をしている施設などろくなものじゃないと思った。

介護職に就いた今ならわかることがある。

「仕方がない。睡眠薬を追加」は夜、頻繁に徘徊する入居者に規定の量より多くの睡眠薬を投与して眠らせ、職員の手間を省いていたのではないか、ということだ。ただし、本当の睡眠薬を追加で投与することはあまりないケースである。

「これはよく効く高価な薬ですよ」と説明して、ただのメリケン粉などを服用させると、飲用した人が効果があると思い込むことで実際に効くケースがあることが医学的に証明されている。「プラシーボ効果」というそうで、介護施設などでも「ぐっすり眠れる睡眠薬ですよ」と不眠気味の入居者にただのミント剤など飲ませるケースもあるという。

「時間を置けば忘れる」というのも今ならよく理解できる。

今日は風呂に入りたくない*、今日は絶対薬を飲まない、とその日そのときの気分でわがままを言う入居者がいるのだが、そんなときには、私もしばらく時間を置くようにしている。強引に説得するよりも彼らが自己主張した内容を忘れるのを待つしかないのだ。その手はよく使う。

老人ホームには、入所時の契約金が数千万円、月の費用が最低30万円などというところもあれば、契約金なし、月の費用が10万円以下というところまで千差万別である。

生活保護の人を受け入れる施設もたくさんある。もちろん費用の高い施設のほうが、建物や設備、食費などお金がかかっている分、豪華なサービスを受けられることは間違いないだろう。

ただ、金額だけでは計れないものがあることもたしかだ。

ここで、あくまでも私見だが、良い施設とそうでない施設の見分け方を伝授しよう。

風呂に入りたくない
高齢者の中に風呂嫌いな人は多い。単に服の脱ぎ着が面倒だったり、職員から何をされるのかわからないという不安から拒絶するケースもある。昔、父親から五右衛門風呂に投げ込まれ、それ以来風呂嫌いになったという人もいた。

ハローワークの求人募集サイト、転職サイトなどで一年中、スタッフ募集をかけている施設はあまりいい話を聞かない。私の友人の介護福祉士の男性も、いろいろな施設に勤務した経験から、まったく同意見だった。

職員を大切にできない施設、逆に職員から見限られる施設、つまり職員が日常的に辞める老人ホームなどが優良な施設であるはずがなく、入居者を大切にできるはずもないのだ。

そう考えると私の勤務先も問題があるのかもしれない。職員はみなまじめで、仕事熱心な人ばかり、オーナーもまったく金儲け主義ではないのだが、それでも人間関係で離職者が多いのは、じつに困った問題である。

その問題の大半は、お局・北村が関係していて、彼女の仕事ぶりは、汚い仕事もいとわず神経質なまでに細かいところに気を遣うのはいいのだが、ほかの職員にも同様に完ぺきを求めるのだ。そして、できないと烈火のごとく怒る。怒り方も感情的で、人の弱点をつき、人格を否定するようなことを平気で口にする。

北村が来る前になると、職員たちの間では「これをやっておかないと、また北村さんから叱られるわよ」「あなたも化粧が濃いって注意されるよ」などの会話が交わされる。

逆に彼女が休みの日は、施設の空気も穏やかで、みんなのびのびと働いている。

某月某日 **1週間で辞めた**：「僕、無理な気がします」

朝、「おはようございます」と、挨拶しながら幸助君は入居者の個室に入った。

彼から聞いたありのままの話を時系列に記す。

「カーテン開けましょうね」と彼は部屋の主、永吉やす子さんに話しかけながら窓際へ近寄り、カーテンに手をかけた。

そのとき、ベッドに横になった状態の彼女が「外の様子はどう？」と彼に尋ねた。

彼はカーテンの隙間から外を見て「雨のようですね」と答えた。

「雨ならカーテン開けないで。最近、雨を見ていると気分が滅入るから」とやす子さんが幸助君に注文をつけた。

彼は入居者の希望が最優先だと考え、カーテンを閉め直し、室内灯をつけた。

やす子さんは「ありがとう」と彼に向かって微笑んだ。

それから1時間後、幸助君は再びやす子さんの部屋にいた。

彼の傍らには職場の施設管理者*・北村照美の姿があった。

57歳のバツイチ女性、めったに笑わないが、笑った顔は元横綱・朝青龍に似ている。

私が入社し、1週間ほど経った夜勤のとき、炊事場の3つあるガスの元栓の一つをうっかり閉め忘れたことがあった。同じ管のうちの大もとの一つを閉め忘れたのだった。

朝、それに気づいた北村が激怒した。

「真山さん、もし地震があったら、ガス爆発よ。これ常識」

2つはしっかり閉めてあるので、それはないと思ったが、言い訳しても火に油を注ぐことになる。ミスをしたのは事実なのだ。

私はひたすら「すみません。以後気をつけます」と頭を下げた。ここは耐えな

施設管理者
施設の設備、備品や用具の管理、また介護用具などの納入数・使用数などすべてを管理する担当。ただ北村はモノだけでなく人間まで厳しく管理している。

ければならない。

　また別のとき、車イスへの移乗にもたついた女性職員に「もし、戦争が起きたら、どうするのよ。みんな死ぬよ」とか、風呂場の水道の蛇口をしっかり締めなかった職員に「水害が起きたら、あんたが最初に溺れるよ。しっかりしてよ」などといつも極端な事例*を持ち出し、こめかみに青筋を立てて怒鳴る。

　そんなアホなと思いつつもちろん黙っている。この仕事には忍耐力が求められるのだ。

　たしかに、彼女がいなければ施設が回らない。それは事実であり、今まで施設内で重大事故が起きていないのも信じられないほど細かいところにまで気がつく彼女の実績だと言えなくもない。北村の持つ経験や資格が必要なのだ。

　さて、北村がいつもの調子で幸助君を責め立てる。

「窓を開けて換気してカーテンを開ける。これ常識だと思いますけど、あんた何を聞いていたの？　2日前に説明したでしょ。メモらなかったの？」

　彼女が幸助君に詰め寄る。

「いや、やす子さんから、外が雨だから開けないでと言われたものですから」

極端な事例
北村の指示を真に受けていたら常時、鉄兜をかぶり、救命胴衣を身に着け、懐中電灯と保存食を携帯した状態で仕事をしなければならない。

彼は消え入りそうな声で言い訳した。

「何、寝ぼけたことを言っているの。カーテン開けてごらんよ」

指示に従い、彼がカーテンを開けると、外は溢れんばかりの日光が射していた。

1時間前まで降っていた雨は、いつの間にか上がっていたのだ。

「でも、そのときはまだ雨が降っていて……」

「変な言い訳しないでくれる。こんなに明るいのに、電気代がもったいないでしょ」

言いながらわざとらしく北村が室内灯をパチンと消す。

「もういいから、さっさとリビングの清掃に行って」

北村がヒステリックな声をあげる。

「あの、やす子さんに訊いてもらえば、わかると思うのですけど」

幸助君のこの一言が火に油を注いだ。

彼女は、彼を血走った目でにらみ、「あんた、自分のミスをやす子さんのせいにするの?」と怒鳴る。

2人の間で、やす子さんは明らかに動揺している。というか北村を怖がっている。

「ねえ、やす子さん、僕にそう言いましたよね」

幸助君が尋ねる。

「えっ、何を」

やす子さんには認知症の症状があり、1時間前の彼とのやりとりなどまったく覚えていなかった。それとも北村を恐れたか。

彼が、素直に北村の叱責を受け入れなかったことがすべての災いのもとである。

この場合、北村の言うとおりに従うことが「正解」だと、ほかの職員なら経験則から知っているのだが、入りたての幸助君にそれを理解せよというのも無理な話かもしれない。

そのときから北村の執拗ないじめが始まった。

本来なら、別の職員から彼へ、その日の仕事の指示がされることになっていたが、北村が直接、仕事の段取りを指示するようになった。

彼がほかの職員へ尋ねても、みな当たり障りのない助言をした。みなとてもいい人たちなのだが、北村が怖いのだ。

私は、その週は夜勤が主だったので、幸助君の作業スケジュールをまったく知らされていなかった。北村は作業の具体的な内容をわざと彼へ伝えなかったようだ。

「２階のトイレを清掃しといて」それだけ指示して去ってしまう。

入社してまだ数日の慣れない職員には無理な相談だ。

トイレ洗浄剤、消毒剤、消臭剤、替えのトイレットペーパー、雑巾、モップ、鏡用の布巾など用具の置き場所がまちまちなのだ。トイレ掃除*一つとっても煩雑な決まりごとがある。

そして彼の作業が停滞すると、北村はこれ見よがしに大声で怒鳴った。中間報告の際、ほかの職員の前でも自らの威厳を示すように怒鳴った。

「なぜ、時間がかかった上に最後までできなかったの。結局、前田さんが全部やり直したのよ。前田さんのやるところをちゃんと見ていたの？」

「いいえ、指示がなかったので」と幸助君。

「これ常識だと思いますけど。あんた大学出ているんでしょ。それくらい自分で考えなさいよ」

トイレ掃除
学生のころ、飲食店のバイトでトイレ掃除の当番が嫌だった。ところが今ではプロ並みにトイレ清掃ができるようになった。臭いが消え、きれいになっていく便器を見ると妙な達成感があり、トイレ掃除も苦ではない。昔からトイレ掃除すると運勢が上向くと言われている。私の運勢も上向いているのだろうか。

この「常識だと思いますけど」*は、彼女の口癖だった。

こんな調子で彼は執拗にいたぶられたのだ。

これは彼のための愛のムチなどではないことを誰もが知っている。

ただ、誰一人彼女に意見する職員はいなかった。自分に火の粉がふりかかることを恐れたからだ。情けないが私もその一人だ。この施設を去るときは、北村に言いたかったことをぶちまけてやるぞ、と心の中で叫ぶ。

前述したとおり、私は経営していた会社を畳み、この仕事に就いた。会社を清算する際に社屋やそのほかの不動産を処分し、借金の返済に充てたが完済できず、今も分割で払い続けている。年金受給までまだ数年あり、体が続く限り働かなくてはならない。今はまだここを辞めるわけにはいかない。

「真山さん、どうしたら北村さんとうまくやれますかね」

入社4日目に彼から初めて事情を聴いてそのことを知った。

彼は県外のスーパーを辞めて帰ってきたUターン組だった。介護業界もここが初めてだったらしい。

「今までも彼女から目をつけられて辞めた人間、ごまんといるからね」

常識だと思いますけど
鹿児島には時間にルーズなことを指す「薩摩時間」という言葉があり、さらに南に行くほどにルーズになる。奄美大島などの離島での飲み会はもちろん結婚式すら1時間以上も遅れて出席するなどざらで、主催者は前もって早めの時間設定をすることもあるという。つまり「常識」は、人、地域、集団、時代によっても解釈が異なることがある。

言いながら自分でも答えになっていないと思った。１日で辞めたパートもいた。

「僕、無理な気がします」

私も、もう彼は無理だろうと思った。いい奴なのだが、北村のいじめに耐え抜くには、線が細すぎると思った。

「まだ若いんだから、もっといい施設を当たってみたら？　君なら大丈夫だよ」

「でも介護業界、北村さんみたいな人がどこの施設にもいるそうですね。最近ネットで調べてわかりました」

「僕もここしか知らないから、はっきりとしたことは言えないけど、多かれ少なかれ、妙な上司はいるみたいだよ。友人に介護福祉士の男がいるけど、彼の場合、５回職場を変わっているからね」

「どんな理由で、ですか」

「やはり北村みたいな上司とぶつかったり、その施設があまりにもいい加減な体質だったりで」

　実際、介護福祉士の友人は気まじめな男で、私が介護の世界に入る前から職場の不満をよく口にしていた。彼から、問題のある上司とか、よくない施設の話をよく聞いた。

彼が今までいた施設で一番腹が立ったのは、頻繁にナースコールを押す入居者の電源を切るように上司から指示されたことだという。つまり入居者の要求を無視するのだ。

ベッドから降りる際に鳴る、足もとのセンサーマットの電源をオフにしていた施設もあったという。それ以外にも深夜に徘徊する人に、規定以上の睡眠薬を服用させたり、尿取りパッドを4時間おきに替えないといけないところを、夜勤者が睡眠をとりたいがために、2枚重ねにして手間を省いたりすることもあるらしい。

朝、利用者にラジオ体操をさせなければいけないのに、「みなさん、最近お疲れみたいで、血圧も高めですから今日は休みましょう」と、無理やり理由をつけて、何日もその作業を怠る施設もあったという。

ただ親族が面会に来ると、そのような老人ホームに限って職員が信じられないくらいの愛嬌をふりまく。

中にはろくに食事を温めないで出す老人ホームがあったり、テレビを観ながらオムツを替える職員もいたという。人を人として扱わないのだ。

友人はそのときのことを施設長や上司に訴えたが、彼らは見て見ぬふりでやりすごし、まったく改善されない職場も多かったという。結局、人手不足がその原因の根底にあるようだった。

その点、私の勤務する施設では職員の入れ替わりは激しいが、職員が手を抜いたり、横着な作業をするようなことは一切ない。皮肉にも北村による厳しい監視*のおかげでそんなことはできないのだ。

結局、幸助君は、わずか1週間でここを去っていった。私は幸助君になんの力にもなれなかった。

某月某日　口癖：ありがとうの人、ごめんなさいの人

施設に来て3年目の橋本スズさんの口癖は「ありがとう*」。

彼女はやや耳が遠く、背中は曲がっていてよちよち歩く。いつも表情は穏やか

厳しい監視
そんな北村だが、ある入居者が家族の事情で施設を去らざるをえなくなったとき、別れ際にその女性の手をつかみ涙をためて「いつまでもお元気でね。ここのこと忘れないでね」と言っていた姿を目にした。内面は深い情を持った女性なのだなと少し見直したのだが、いざやりとりとなると冷めた視線の自分がいるのだった。

ありがとう
以前、建設の現場仕事をしていたが、「ありがとう」と言われる仕事に就きたくて、と介護職を選んだ人を知っている。彼は勤務初日、入居者から「バカヤロー」「このボケ」と怒鳴られ、ショックを受けていた。

で、どんなときでも枕詞のように「ありがとう」を言葉の頭につける。

棚に並んだ10センチほどの小さな木製の仏像と陶製のマリア像に交互に手を合わせ、「今日も一日ありがとう」と話しかける場面を幾度となく見た。

耳が遠いせいで、こちらの言葉がよく理解できず、ひとまず「ありがとう」と言っているのだろうと思っていたが、その姿を見て何事にも心から感謝していることがわかった。

食事の上げ下げにも、その都度「ありがとう、ごちそうさま」。

薬を服用させる際も、そのたびに「ありがとう」と言ってくれる。

ただ、粉薬を服用させるときなど、まだしっかり飲み込まないうちに「ありがとうね」と口を動かすのでたまにむせて誤嚥*にならないかとヒヤヒヤすることもしばしばあった。

施設の入居者は、何かにつけスタッフが世話を焼くせいもあり、個人差はあるものの、どうしても介護度が上がってしまう。なるべく身の回りのことは自分でやるように仕向けても徐々に衰える。

ところがスズさんに関して言えばそれが当てはまらない。

誤嚥
食べ物や唾液などを気管に入れてしまうこと。細菌と一緒に入ることで誤嚥性肺炎を招くこともある。誤嚥による死亡が一番多いのは正月で、餅が原因の可能性が高いという。たしかに高齢者は餅が大好きだ。ただ、入れ彼女は３年前とちっとも容態が変わらない。相変わらず腰は曲がり、耳は遠いが、それでも認知度も進行せず介護度も変わらない。

誕生日に贈る寄せ書きに「いつも笑顔でありがとうって言ってくれますね。こちらこそありがとう」と書いたら、さらに「ありがとう」の頻度が増した。

つい私も彼女から感謝されると、「いえいえ、こちらこそありがとうございます」「ありがとう」と、「ありがとう」の応酬になってしまう。

この言葉を言われて気分を害す人はまずいないだろう。

「ありがとう」という言葉には、人を前向きにさせる力があると思う。仕事でも営業でも、その言葉を使っている人は成果を出しやすいと何かのセミナーで聞いた記憶がある。またこの言葉をよく使う人は長生きで、免疫力がより高まるという説もあるそうだ。

ところで施設にはスズさんより２つ下の金子奈保子さんがいる。彼女も比較的おとなしい女性で、認知症も気にするほどではなかった。

しかし２人には決定的な違いがあった。

彼女の口癖は「ごめんなさい」か「すみません」。まるでそれが「ありがとう」

歯にからまったり、むせたりするのでヒヤヒヤする。

の代わりのように使われていた。それも、力なくため息をつきながらつぶやくのだ。

ため息ばかりついていたり、四六時中「マイナス言葉*」を使っていると運が逃げるという人もいる。

「マイナス言葉」とは、否定する言葉や、不平不満の愚痴、悪口、陰口などがそれにあたる。これは、介護職員が入居者へ声がけする際、使い方に注意しないといけない言葉でもある。

入居者の自尊心を傷つけたり、不安にさせたり、不信感を抱かせるような言葉はたいていマイナス言葉であることが多いからだ。

「ダメですよ、そんなことしたら」「こんなこともできないのですか」「私が盗んだとでも言うのですか」「無理です」など、たしかに入居者に向けてつい言ってしまいそうな言葉で、改めて気をつけなければと思う。

そしてこの奈保子さん、オムツを替えるとき、少しでも汚していたりすると「ごめんね、こんなことは息子にもさせたことがないのに」と必ず言う。

食事をこぼすとあわてて「ごめんなさいね。面倒かけて。もったいない、もっ

マイナス言葉
「頑固」は、意志が固い。「しつこい」は、根気強い。「デブ」は、貫禄がある。「マザコン」は、母親思い。「不愛想」は、クール。「うるさい」は、元気はつらつ…マイナス言葉はプラス言葉に言い換えられる。介護の現場でも、できるだけプラス言葉を使うように言われる。しかしケースバイケースで、褒められていると勘違いされ、あとあと面倒になることもある。

たいない」。

夜間、バイタル（体温、血圧）を測りに行くと弱々しい声で「すみませんね。もう私なんかいつ死んでもいいのだけど」とつぶやく。

靴下を履かせる際も、「こんなことを男の方にさせて、ごめんなさいね」。まるで憐れむように私を見る。

「いえいえ、これが私の仕事ですから。逆に奈保子さんの世話をしなくてよくなったら私なんかすぐにクビですよ」

ついそんなふうに答えてしまったとき、

「えっ、そうなの。真山さん、私のことでクビになるかもしれないの」

眉間にしわを寄せ震える声で言う。

「いえいえ、冗談ですよ。大丈夫、まだまだ長生きできますよ」

励ましのつもりでそう返す。

「だって、このまま生きていても迷惑ばかりかけるし、何かあるわけでもないし」

彼女の言う「迷惑」や「何か」の定義がよくわからないので、私は返す言葉が見つからない。

そして彼女はよくネガティブな夢の話*をする。夜中、容態を観察に行くと、薄暗がりの中で彼女が目を見開き、一点を見ている。思わず声をかけると、「夢を見たの、実家のお墓の前に人がたくさん集まって、何かよくないことを話しているの」

また「何か」でさらに「よくないこと」である。

少しでも彼女を明るい気持ちにさせる方法はないかと考えたが、いまさら奈保子さんに何を言っても何をしても、反応はないのだろうな、とまた私自身がマイナス言葉にはまってしまいそうである。

とはいえ、奈保子さんの他人を気づかう思いが、口癖の「すみません」を言わせているのだと施設のみんながわかっている。

そもそも言葉とはその人の個性、生きざまであり、他人がとやかく言うのはおこがましいのかもしれない。世の中、明るい性格の人や善人ばかりでは面白くないではないか。

夢の話
ある入居者は、自分が石になる夢を見るという。どうなるのかと尋ねると、無表情で「石だから何もしない」と答える。じつにシュールだ。

某月某日　赤ちゃん言葉：子ども扱いの弊害

2017年に105歳で亡くなった日野原重明氏*は100歳を超えても現役の医師として多くの実績を残した。

一方で、認知症になって、手に負えなくなる人もいる。高名な文化人、大企業の創立者、宗教家も例外ではない。

「この前、施設で先生にお会いしたら矢継ぎ早に品のないことばかり言うものだから、悲しさを通り越して腹が立ってきました」

その先生の弟子を長年務めてきたという女性からため息まじりに言われたことがある。

「偉い先生だったのですね」

「そうですよ。業界では彼女のことを知らない方はいなかったと思いますよ。みなの憧れでしたから」

日野原重明氏
生活習慣病という名称や、人間ドックの提唱など、予防医学の世界で先駆的な役割を果たした医師。メディアに登場することも多く、著書も多数。最期、彼は延命治療を拒否し、近親者を一人一人枕元へ呼んで「ありがとう」と感謝の言葉を伝えたという。

「その先生がどんな品のないことを？」

品のない私としてはその内容をつぶさに訊きたいが、彼女は硬い表情で首を横に振る。

「とても話せません。娘さんも一緒におられたのですが、母さん、もういい加減にしてって、途中で先生の言葉をさえぎって」

彼女らが裏切られたという気持ちはわかる。でも認知症の人を責めるのは酷だろう。

責める言葉とは少し異なるが、被介護者の言葉、受け答えは基本的に否定しない、子ども扱いしないことが原則だ。

私の父がしばらく世話になったデイサービスでも、ベテランの職員ほど利用者を「ちゃん」付けで呼び、子ども扱いしていたという。

私の施設にも、ときどき入居者に対し赤ちゃん言葉になってしまう40代の女性職員がいる。

「おりこうさんにしていましたかぁ～」とか、「○○ちゃんは来月誕生日でしたよねぇ～」とまるで子ども扱いだ。

私も入居者に薬を服用させる際、「はい、あ〜んして」とつい言ってしまうこともあったが、彼女の場合は度を越している。

また「今日はよくできましたね〜」と、この語尾の「ね〜」が口癖の職員もいる。もしかしたら以前、保育士だったのではないだろうか。

やがて順応してきて「幼稚化」する入居者も見受けられ、これも問題である。施設長から注意されるが、なかなか直らない。

ある施設で、お絵描きの時間について男性の入居者数人が「お絵描きなんて馬鹿らしくてやっていられるか」と決起して「お絵描き反対」とダンボール片数枚に書いてボイコットしたという話を聞いた。ダンボール片に彼らが「お絵描き」と書いているところが哀しくも笑えた。

昔、営業で行ったことのある地方の介護施設は少し様子が違っていた。若い男性職員が、高齢者たちに「ばーさん、なにぼけーっとしとるの、早く食べんと、俺がとって食べてしまうぞ」。

口調は荒々しいが、にこやかな表情で言う。

高齢者たちも「はい、はい」と笑いながら、別に機嫌を損ねているふうでもない。きっと両者の間には信頼関係ができているのだろう。

まだ介護の仕事を知らなかった私には好ましい光景に映ったが、ただ彼らの親族が見ると、雑に扱われていると思うかもしれない。このあたりは難しいところである。

某月某日　**意地悪**：ターゲットはいつも若い女性職員

「いじわるばあさん」といえば、「サザエさん」*で有名な長谷川町子の漫画である。

三度の飯より意地悪が好きな「ばあさん」の話だ。

職員から「いじわるばあさん」と陰口を叩かれる老婆がいる。田中スキさん。

とにかく新人の女性職員をターゲットに意地の悪いことをする。指示に従わない。薬を服用させようとすると口から吐き出す。わざと食事をこぼす。モノを隠す。風呂を拒否する。小言や悪口を言う。何かにつけ悪態をつく。

サザエさん
言わずと知れた国民的漫画・アニメ。波平さんは高齢のイメージがあるが54歳の設定だという。時代背景や平均寿命を考慮してもいくらなんでも老けすぎだろう。

私にも経験がある。79歳の女性に勘違いで「80歳のみなさんの仲間入りですね」と言ったとたん、それからしばらくの間、冷たい視線を向けられてしまった。ふだんは半日前のこともすっかり忘れるのに、そのことだけは執念深く覚えていて、「まだ70代ですよ」とことあるごとに嫌味を言われ、閉口した覚えがある。

いくつになっても女性に年齢の話はＮＧだ。

それにしてもあまりにスキさんの意地悪・いじめの度がすぎるので、大島施設長が家族に相談したのだが、「自分の母がそんなことをするはずはない。職員の対応が悪いのではないか」と逆に娘さんから批判を受けた。

ターゲットになった若い女性職員は、それだけが原因ではなかっただろうが、しばらくして職場を去った。

そして新しい女性職員が入ると、また同じことをする。

基本、若い女性職員に対しての意地悪が多かった。私が何か嫌なことをされた記憶はない。むしろ介護しやすいと感じていたくらいだ。

このいじわるばあさんの話を、別の介護施設で働く介護キャリアの長い友人としたことがある。

彼曰く、必ず老人ホームにはそんな人がいるらしい。彼の知るいじわるばあさんは、気に入らない入居者の部屋に忍び込み、備品やタオルをトイレのゴミ箱に捨てたり、部屋にお茶をこぼしたりするそうだ。現場を押さえられても最後までシラを切りとおすという。また、スキさん同様に一人の女性職員を狙いすまして意地の悪いことをする人もいて、理由を尋ねると、どうやら職員の名前が気に入らなかったと白状したそうだ。夫の浮気相手の名前と同じだったとか、いじめられた姑と同じだったとか、同じ名前の人と何か因縁でもあったのだろうか。

昔話や童話でも、意地悪なのはたいがいおばあさんや年老いた魔女である。「舌切り雀」しかり、「ヘンゼルとグレーテル」「白雪姫」もそうだ。魔女が若い女性に魔法をかけたり、悪さをする。そもそも好々爺《こうこうや》という言葉はあっても好々婆という言葉は聞かない。

女性職員には意地悪するが、男性に対して遠慮があるのは、男尊女卑*が残っている土地柄もあるのかもしれない。

70歳以上の女性たちの話では、風呂の順番も男性から入り、次に姑、そのあと子ども、最後に風呂の掃除を兼ねて自分が入っていたという。

男尊女卑
日本は現在もまだ男性中心の社会といわれている。知人が勤める老人ホームでの話。同室に夫婦で入居していた夫が体調を崩した。しばらく外の病院に入院している間に勝手に妻が、夫のいばった顔など見たくない、と老人ホーム内での別居手続きをしたそうだ。時代も変わりつつあるのかもしれない。

我慢を強いられた時代を生きた彼女たちは、年齢を重ねることでタガが外れ、わがままや意地悪の矛先を若い女性に向けているのかもしれない。

某月某日　なぜ逃げる：ただ逃げたかった

私の施設では職員同行の外出はあっても、庭の散歩以外、ひとりで施設の外に出ることはできない決まりになっている。認知症気味の入居者は、自分では施設に戻れない可能性が高く、薬の服用の時間や日ごろの体調を考えて外出が制限されている場合がほとんどだからである。

佐々木悟さんが逃亡しそうな気がする、という大島施設長の指摘を受け、悟さんの２階の個室のドアには、彼には気づかれないように、開閉するたび１階の警報機が鳴るようにセンサーが取りつけられた。

なぜそう思ったか施設長に尋ねると、以前この施設にいた逃亡癖のある男性*と悟さんの態度が似てきたからだという。

逃亡癖のある男性
そのときの入居者は施設から200メートルほど離れたコンビニで発見されたらしい。施設では禁止されている酒をどうしても飲みたかったのだ。

やたらと外の様子を気にする。たとえば施設前の道路の状況や天気などを頻繁に気にしたり、玄関ドアの開閉に敏感になったり、玄関のあたりを意味もなくうろつくなど挙動不審が見られる。また、近くのバス停の場所を女性職員に執拗に尋ねたという。

私が夜勤担当の際、彼にそのようなそぶりは一度もなく、悟さんが逃げるなど取り越し苦労ではないかと疑っていたくらいだが、経験豊富な施設長が言うことなので、念を入れるに越したことはない。

しかし、警報機をつけたはいいが、それからがたいへんだった。頻尿気味の悟さんは何度も部屋を出入りするので、ブザーが鳴るたびに1階の控え室から2階の彼の部屋まで足を運ばなければならなかった。

室内に設置してあるポータブルトイレで用を足してほしいと頼むも拒否されたため、たびたび彼の様子を見に行く羽目になる。おちおち仮眠もとれない。それでも異常のない日が続いた。

ところが、ある日の深夜にブザーが鳴り、いつものように様子を見に行くと彼はトイレではなく2階の非常口の前で、扉に取りつけられた開閉防止用チェーンを懸命に外そうとしていた。このチェーンは容易に外せない仕組みになっていた。

施設長の勘は当たっていたのだ。

ただ、ここで「悟さん、何しているのですか。まさか逃げようとしていませんよね」などと、うかつに声がけすると態度が豹変するかもしれない。

私は物陰に隠れ、彼があきらめるのを待った。もし逃げ出し、彼を見失ったら大ごとである。逃走中に彼の身に何かあったら取り返しのつかないことになる。いろいろな事態を想定し、緊張しながらことの成り行きを見守った。

ようやく彼がドアから離れ、部屋に戻るのを確認して私はその場を引きあげた。ほっと胸をなでおろしたが、そのときの彼の形相は私の脳裏に焼きついた。ふだんの彼とは別人のようだった*からだ。

なぜ彼は逃げようとしたのか、本人に訊いてみたい衝動もあった。彼が施設に対する不満や職員へ何かを訴えたこともなければ、酒飲みだったという話も聞かない。

数カ月後、彼は体調を崩し、病院併設の施設に移ったが、彼が私の勤務する施設にいた間に、そんなそぶりを見せたのは、そのときが最初で最後だった。

別人のようだった
今までニコニコ笑っていたかと思えば、突然怒り出したり、急に無口になったり、饒舌になったりする人がいる。高齢者が突然、能面のような無表情になられると、体調に異変が起きたのでは、と心配になる場合もある。

たしか満月の夜*だった。

以前、ある著名人の講演をテレビで観たことを思い出した。

それは「自由」についての講演だった。一流ホテルで暮らせる。ただし一生ホテルから一歩も外に出ることができない。そんな生活を選択できるか、というものだ。

まったく仕事はしなくていい。ホテル内には病院もあり、健康管理も万全。食事はシェフが注文どおりのメニューを作ってくれる。いわゆる豪華客船のようなものだ。メールなどのやりとりも自由、面会に来た家族にもホテル内で好きなだけ会える。ただし、ホテル内限定の生活が死ぬまで続く。

仮に自分が劣悪な奴隷のような環境にいたなら間違いなくそちらを選ぶだろう。だが、私はやはりNOと答えるだろう。

なぜか。そこにはやはり「本当の自由」がないからだ。

三食足りて外敵におびやかされる危険のない動物園の動物たちが、ちょっとした隙を狙い、檻から逃げようとするではないか。

満月の夜
施設のお年寄りは月が好きで、月がテーマの歌もよく覚えている。「炭坑節」「月の砂漠」「月がとっても青いから」「うさぎ」など、とくに女性は総じて口ずさめる。ただ月を見ていると悲しくなるという高齢者も多い。

この施設に暮らす老人たちも同じだ。

自分に置き換えて考えても、悟さんの気持ちがわかる気がした。

彼らが、自分の生活してきた家で最期を迎えたい、*と願うのは自然な感情だと思う。ただそれが容易でなくなってきたのがわが国の現状である。

入居者たちが少しでも心穏やかで毎日を楽しくすごしてもらえるよう季節の行事を取り入れたり、レクリエーションを企画するなどしている。これだけのことをやっているのだから、彼らが満足しているはずと思うのはきっと私たちの傲慢なのだろう。

某月某日　**ババアは盗む、ジジイは……男と女は脳の構造が違う**

施設の共用部分、各テーブルの上にはティッシュの箱が置いてある。入居者の誰かが粗相したり、食べ物をこぼしたりしたとき、職員が応急処置で即座に対応できるように備えてあるのだ。

家で最期を迎えたい
住み慣れた家で家族に見守られながら人生を終えたい、と思う人は多いだろうが、現実には病院で亡くなる人のほうが断然多い。そこには看取る側の家族の事情が影響してくる。本人はもとより家族の覚悟が必要なのだ。

その箱のティッシュが盗まれることがけっこうある。

さすがに箱ごとは見つかるので、紙だけを抜く。目の前に自分の箱があっても、車イスの背中のボックスに自分の箱があってもである。

明らかに確信犯だ。わかっていてティッシュを盗み、自分の箱に押し込み部屋に持ち帰る。とても不思議だ。

中には隠したことも忘れ、ポケットに押し込んだまま放置したり、トイレットペーパーを盗んで部屋に隠す人や、トイレットペーパーを体に巻きつける人もいた。

「紙が勝手に腰に巻きついた」などと見え透いたウソをつくが、あえて追及しない。問い詰めたところで、また同じことを繰り返すに違いないからだ。

なぜか犯人はほぼ女性である。

「2階のトイレのペーパーがまたなくなったよ」

職員の誰かが気づく。

「食事している間に、梅子さんの部屋を捜してみて」

こんな感じで、すでに犯人は判明しているし、その指摘に間違いはない。

またリビングに飾ってある花瓶の花がなくなることなど日常茶飯事。しれっと個室の部屋のコップに挿してあったりする。

認知症気味の入居者の中には他人の個室にこっそり入り込んで、物を盗む人がいる。

私の知る限り、これもやはり圧倒的に女性が多い。ただし施設では現金や金目の物は置けない決まりなので、盗むといってもたいした物ではない。昼寝時間を見計らって他人の部屋に侵入し、その人の目薬を飲む現場を目撃された人がいた。

友人の勤務する施設では、消毒剤を飲んで大ごとになったこともあったそうだ。腕の点滴を外し、酒だと思い込み袋ごと点滴液を飲んだ事例もあったという。こういう荒っぽいことをするケースは男性の場合が多い。

ほかにも小便のときはトイレの水を流さない老婆がいた。

私の伯母は、「もったいない」と、ビニール袋や紙袋、裏面が白いチラシ、豆腐の容器、輪ゴムやティッシュの空き箱まで後生大事に捨てずにとってあった。物がなかった時代を生き抜いた人たちの習い性となっているのかもしれない。

トイレの水の件も、やはり「もったいない世代」だからなのだろうか。ある意味、エコで環境に優しい行為なのだろうが、トイレを掃除するこっちの身にもなってくれ、と思う。

睡眠中、エアコン*をつけたがらない人もいた。熱帯夜、うちわを使って暑さをしのいでいる。

エアコンが嫌いな人もたしかにいたが、電気代がもったいないと思っているふしがあった。

省エネへの協力には感謝するが、夏場に熱中症や冬場に風邪などひかれたら、私や施設の責任になる。どうかやめてもらいたい。

「じゃあ、エアコン消しますから」と言いながらこっそりとタイマー設定することになるのだ。

エアコン
エアコンの風を嫌う高齢者は多い。エアコンの風が直接当たると目やのどなどの粘膜が乾燥し、体調を崩しやすい。小まめに風力、温度の調整はしても、風向にまで気をつかっている施設は少ない。

私が幼稚園児のころのこと、園の行事で毎年イモ掘り大会があった。

園が借りている畑でサツマイモの収穫を園児が親と一緒に行なう。自分が収穫したイモは各々持って帰っていい決まりになっていた。

収穫後、園児親子全員で撮った当時の記念写真がある。よく見ると、男の子は、形のいいものや大きなイモを誇らしげに掲げている。自分もそうだった。収穫数は比較的少ない。

ところが女の子は、みんな山盛りのイモを抱きかかえている。その差は歴然としていた。

その写真を見るたびに、男と女はやはり脳の構造が違うのだなと思ったものである。三つ子の魂百まで、女性のたくましい所有欲に脱帽。

某月某日　**寄せ書きの涙**：「私、いい人？」

入居者の誕生月にはまとめてささやかな誕生会が行なわれる。職員手作りのケーキやちらし寿司などを食べながら職員と入居者全員で祝う。そのとき、職員全員がお祝いの言葉を書き*、寄せ書きにして本人に贈る。

85歳の宮本フミ世さんも寄せ書きを贈られた一人だった。

職員の各々が小さな紙に誕生会前日までに文言を書き、担当者が色紙に貼りつ

お祝いの言葉を書き
職員の中には、「感謝！」「元気で！」「健康第一！」などと一言コメントと感嘆符でごまかす人

けて当日、本人に渡す。

誕生会があったその日の夜8時すぎのこと。彼女の部屋に入ると、照明をつけたまま珍しく起きていた。

「フミ世さん、眠れないの？」

ベッドに横になった彼女に声をかけると、枕元の寄せ書きを眺めながら彼女は涙を浮かべていた。

「どうしたんですか」

「真山さん、これを読んでいたら嬉しくて涙が出てね」

「そうですか。誕生会、楽しかったですね」

「ねえ、本当に私、ここに書いてあるようないい人？」

彼女が寄せ書きを私に手渡しながら唐突に言った。

私の書いたお祝いの文章は、

〈フミ世さん、お誕生日おめでとうございます。いつも素敵な笑顔で感謝の言葉を言ってくださいますね。これからも笑顔で長生きしてくださいね。真山より〉

だった。


もいた。それはそれで構わないのだが、ときどき受け取った当事者からどんな意味かと尋ねられることがある。想像たくましく脚色、誇張して説明するのは結構しんどかった。

彼女はにっこりと笑うと柔らかなとてもいい表情になる。たまにオヤジギャグレベルの冗談も言う。ただ、何かの拍子に機嫌を損ねると今度は手に負えない鬼婆*に変貌することもある。しかし、本質はとても心の優しい女性だと職員の誰もが知っている。

テレビでＨ県の風水害のニュースが流れていると、涙ぐみながら、

「Ｈ県には従妹夫婦が住んでいるの。家のほうは大丈夫かしら。連絡したいけど、電話番号を知らないし」

震える声で言う。またＫ市の新型コロナの感染が深刻な状態だと聞くと、昔何年か住んでいたところだと、近所づきあいしていた人たちの名前をあげながら彼らの健康を案じる。住んでいたのは彼女が30代のころだというから半世紀も前の話である。

「大丈夫ですよ。Ｋ市は大きな都市ですから」

慰めにもならないが、子どもだましのようなことをつい言ってしまう。

そんな彼女には毎年、２枚の年賀状しか来ない。契約している病院と介護機器のリース会社だけである。地方の小さな介護施設の個室で、どういう理由かは知

鬼婆
お年寄りの怒った顔はたくさん見てきたが、やはり女性の顔のほうが数段怖い。それはもともとの表情とのギャップが大きいからだろうと最近気づいた。

らないが、生涯独身を貫いた孤独な85歳の女性が、昔の知人を思い出し、心を痛めているることなど彼女が名前をあげた多くの人たちはおそらく知ることはないだろう。

事務的に書いてしまった色紙にこれほど感激してくれるとは、彼女の素直な反応に私も温かい気持ちになった。

ほかの職員の文章を読んでみると多くがやはり彼女の笑顔のこと、愉快な冗談を言うかわいいおばあちゃんなどと書かれていた。

「私、いつもニコニコして面白いことみなさんに言っているの？」

職員が書いた文章を指さしながら言う。

「ええ、フミ世さんのお話は面白いって、みんな話をしていますよ」

「たとえば？　最近だったらどんな楽しい話をしましたか？」

彼女の顔は真剣だった。

「夜景がやけいにきれい*ですね。とか、歯がないと話にならないね。なんて言っていましたよ」

たいして面白いわけでもないが、とりあえず笑ってみせると、彼女は満足そう

夜景がやけいにきれい　こんな冗談が言える高齢者はまだいいほうである。一日中ほとんど口を聞か

に微笑んだ。

毎年の寄せ書きは個室の壁に貼ってあるのだが、ほかの職員がどんな内容のお祝いの言葉を書いているのか、ろくに読んだこともなかった。どうせ、通り一遍の文言だろうし、正直、自分も似たような文面の繰り返しだった。業務の一環とはいえ、もともと関心もなかったからだ。

それでも、ストレートにその言葉が届いていたのだ。フミ世さんの涙を見て少し反省した。

そして同時に思うことは、介護者と入居者との距離の取り方、線の引き方である。情にほだされ、肩入れしすぎたり、逆にソリが合わないからと突き放すことはよくない。

その点、フミ世さんはお得意のオヤジギャクで易々とその線を乗り越えてくる。彼女が亡くなったら、私はきっと泣く。

ない入居者がいて、意識して話しかけるようにしている。話の内容は「天気」「季節」「体調」で、最近ではやはりコロナのこと。さすがにこれに無関心な高齢者はいない。

某月某日　**羞恥心**：まるで女学生のような

午後8時、椎名美幸さんの個室に就寝前の薬を運んで行ったときのこと。ドアを叩いても応答がない。

「入りますよ」

言いながら入室するとちょうど彼女は寝間着に着替えるところだった。ベッドに腰かけた状態で、上半身下着一枚でやや胸がはだけている。すぐに私に気づいた彼女が、

「きゃっ、いやっ」

まるで女学生のような艶のある声を上げ、恥ずかし気にシャツで胸元を覆い、体をよじって頬を赤く染めたのだった。

「す、すみません」

私はすぐにドアを閉め部屋から飛び出し、数分待ってまた部屋に入ろうと考え

た。

廊下で薬と水の入ったコップを持ったまま立ち尽くしていると、なんだか妙な感覚にとらわれた。

何かが違う。どうもおかしい。この違和感はなんなのだろう。

私は2、3日に一度は彼女のオムツやパッドを交換する。そのときの様子を思い返してみる。彼女はベッドに仰向けの状態で、当然下半身は一糸まとわず、

「はい、5秒間、腰を上げて」

などと私から声がけされ、両足を広げたまま、クイッと腰を浮かせ、オムツを取りつけられている。広げた両足の間から彼女の顔がのぞく。

そのとき、美幸さんは恥ずかしがるどころか、「さっさと済ませて」そんな目で平然と私を見る。

たまに腰を浮かすタイミングで急に肛門に力がこもるのだろうか「ぶっ」と放屁するケースすらあった。私は気づかないふりを装う。なんだか妙な空気が漂う。

それでも彼女はまったく気にした様子もない。彼女の個室で二人きりである。

それにしても、今のこの状態はいったいどうしたことだろう。

学生時代、温泉*好きの友人ら数名と温泉や銭湯めぐりをしたことがあった。その中に一人変わった男がいた。

彼は脱衣場で服を脱ぐ際、なぜかパンツを脱ぐときだけ腰にバスタオルを巻くのだ。そして脱ぎ終わると、何事もなかったように下半身のイチモツをぶらぶらさせた状態で前を隠すこともせず風呂場に駆け込んでいく。入浴が終わり、パンツをはく段になるとまたバスタオルを腰に巻き、腰をくねらせながら器用にパンツをはく。

なぜだ。いったいなんなのだ。そのときも彼の一連の行動がまったく理解できなかった。わからなすぎて、あえてその理由を訊く気にもならなかった。

さて、数分後に再度ドアを叩き、部屋に入ると彼女は先ほどの「きゃっ、いやっ」など60年前の女学生時代に置き忘れたかのように平然と、「あらどうしたの」と、そっけない表情で言い、何事もなかったようにいつもどおりの視線を向けたのだった。

温泉
活火山が多い鹿児島県には至るところに温泉があり、源泉の数は全国2位。営業で地方を回っていたころは、車に風呂セットを置いていて仕事帰り、温泉に浸かってから帰社することもよくあった。会社の同僚から「顔がツヤツヤしてる」と指摘されたが、彼らも同様のことをしていたのでお互いさまだった。

某月某日　ウソのテクニック：「あんた、泥棒なの？」

「私のリモコンを盗んだでしょ。早く返して、早く早く」

西富江さんから涙ながらにそう懇願された。彼女は軽い認知症だ。

テレビのリモコンのことらしいが、もちろん彼女のリモコンなど盗むはずもない。

室内を見回すとすぐに発見できた。枕元の衣装ケースの上にそれは置いてあった。ご主人の遺影*の陰に隠れて彼女の位置からは見えないようだ。

「あんた、泥棒なの？」

日ごろ、心を込めて身の回りの介助をしているのに、泥棒呼ばわりか。しかし腹を立てている暇などない。日勤のスタッフが来る前に食器をすべて洗浄機に入れておかなければならないのだ。

本来なら面倒でも、一緒に捜すふりをして本人が発見するように仕向ける決ま

ご主人の遺影
富江さんのように、夫の遺影を部屋に置いている人がいる。大正、昭和初期の男性は少し構えた、言い方は悪いが威張った表情の写真が多い。反対に、妻の遺影を置いている入居者は一人もいない。

りになっている。仮に私が見つけたりすると、やっぱり隠していたのだと、疑惑はいつまでもくすぶり続けるのだ。

「どこかにあると思いますよ。一緒に捜しましょう。私はベッドの下を捜しますから富江さんは衣装ケースの上を捜してください」

ベッドの下をのぞくふりをしながら彼女の発見を待つ。

ほら、すぐ目の前にあるだろ、なぜ気づかないのだ。心の中でつぶやく。

「ないよ、やっぱり。あんたどこかに隠してるんでしょ」

彼女の疑いの視線。

「富江さん、ご主人の写真のあたりはどうですか」

この忙しいときに、勘弁してくれよ。すると富江さんが写真を見ながら、

「主人は写真が嫌いでしてね。この写真は娘が撮ったんですよ。ほら、この顔、機嫌がいいでしょ。主人は私には厳しい人でしたけど娘に甘かったですから」などとのん気なことを言う。

だからこっちは忙しいんだって。イライラがつのる。

「写真立ての裏あたりを捜しましたか？」

「何を？」

「だからテレビのリモコン」

「テレビのリモコンがどうかしたの。まさかあなたここでテレビが観たいの。あれっ？　リモコンがこんなところに。不思議」

ハイハイ、もうわけがわからない。

またある日、今度はお金がなくなったという。基本、入居者は現金を持っていない。買い物は親族か施設側が、親族から預かったお金の中から支払う決まりだ。当然、領収書を親族に渡し、収支はしっかり記録される。

「いくらなくなったのですか？」

「6000円。孫のアヤカに誕生日プレゼントを買う予定で準備していたのに、ここには泥棒がいるのかも。まさかあんたが盗ったの？　財布返して」

「誕生日でお孫さんはおいくつになられたのですか」

病気が言わせていると自分に言い聞かせ、気を取り直し話の矛先を変えてみた。

「いくつでしたかねぇ。真山さんはおいくつですか。うちの孫、知っていますか？」

「もちろん知っていますよ、アヤカさん。なかなかの美人ですよね、富江さんに似て。富江さんも昨日、散髪してなんだか若くなった感じですね」

本当はお孫さんに会ったことはないが、このちょっとしたウソで彼女の表情が少し緩んだ気がした。これでこの場をうまく切り抜けたと思っていた。

「散髪代、誰が払ったの。まさかあんた、私の散髪代盗らなかった？」

「小さなウソの上手な人はホームドラマを書きなさい」

脚本家で直木賞作家・向田邦子*の言葉である。介護職にはとっさにウソをつく技術も求められる。

なるほど、この技術の卓越した介護職員は脚本家、小説家などにも向いているかもしれない。私のウソはまだまだ未熟だと思った。

向田邦子
幼少期、鹿児島ですごした彼女は、著書で鹿児島をなつかしい「故郷もどき」と呼んでいる。彼女の脚本ドラマ「寺内貫太郎一家」の樹木希林演じる、沢田研二の大ファンのおばあさんが、彼のポスターに向かい「ジュリィ～」と身もだえするシーンが評判になった。施設にも若い演歌歌手が大好きな老女がいて、彼が出る番組を前日からしつこく確認する。若い男性から精気を吸いとって元気である。

第4章

底辺からの眺め

某月某日　失禁とプライド：励ましの作り話

数日前から島田藤太郎さんの元気がない。彼は入居してまだ4カ月だ。

ある職員に事情を聴くと、入所以来、初めて大のほうを失禁し、汚した下着をこっそりと洗濯室の洗濯機に忍ばせた*という。そのことが発覚し、すべての洗濯物を再度洗い直す悲惨な結果になったという。その顛末がなぜか彼の耳に入ってしまい、プライドを傷つけたのだ。

彼は長い間、保護司*をしていたと言葉少なに語ってくれたことがある。そのことに誇りを持った紳士だった。

今回の失態は一部の職員しか知らないことになっていたが、彼には職員のよそよそしい態度がたまらなくつらかったようで、間違いなくそのことが元気をなくした原因だった。

さらに1週間ほど経ったある日、ある女性職員からこう相談された。

洗濯室の洗濯機に忍ばせた
毎日、入居者の下着やシーツなど大量の洗濯物が出るため、職員がそれらを洗濯し、乾燥させる洗濯室がある。入居者の入室は禁止だが、彼はこっそり侵入し、洗濯物の間に汚れた下着を押し込んだらしい。そのときの彼の心中を察すると少し気の毒になった。

保護司
犯罪や非行をしてしまっ

「ねえ、真山さん。島田さんがまた汚した下着をどこかに隠しているみたいよ。部屋に入ると窓が開けてあって、それでも少し臭うのよね。あなた、彼と仲良しでしょ。うまく聞き出してよ」

たしかに彼はまだ私にだけはカラ元気を見せてくれていた。その理由に心当たりがあった。

島田さんが「大を漏らした男」のレッテルを貼られた翌々日、意気消沈している彼を励まそうと、ある作り話をしたのである。

「先月、友人らと飲んだ帰り、急に下腹が痛くなってタクシーを呼んだのですが、乗車拒否されて」

夜勤のとき、就寝前の薬を服用させながらそんな話を切り出した。島田さんとは以前からよく酒の話をしていたからである。彼も若いころはよく飲んでいたらしい。

「どうして？」

島田さんが怪訝《けげん》な顔をした。

「そのとき、すでにちょっと漏らしていたんでしょうね。酔っていて自分では気

た人の更生や社会復帰を支援する資格。ボランティア色が強い。彼が自分は保護司だったと何度説明しても、別の入居者たちは「保護者？　保母さん？」などと見当違いなことを言っていた。

がつかなかったんだけど、さすが彼らはプロですね。臭いですぐに気づいたんだと思います」

私は平静を装い飄々と話した。

「それで?」

話に興味を持った様子だった。

「それでも乗り込もうとすると、運転手が毅然と言ったのです。もし少しでも車内を汚したら、その後、仕事にならないし、クリーニング代まで含めて請求しますけど、それでもいいですか、ってにらむような顔で」

「それでどうしたの?」

「そのまま引き下がって歩いて帰りましたよ」

彼は気の毒そうに私を見た。

「妻にバレないようにすぐに下着を洗って、洗濯機の奥に押し込んでシャワーを浴びていると、突然、妻が起き出してきましてね」

「それはまた……」

彼がため息をついた。

「『あなた、こんな時間に何してるの？』浴室の外から妻の声がしましてね。『汗をかいてシャワーを浴びている』と口から出まかせを言うと『ふ～ん。早く寝てね』ってアクビを噛み殺しながら妻が言ったんです」

「そうでしたか」

彼の目は笑っていなかった。

「人一倍勘のいい妻は、洗濯機の中の異変や、私の慌てた様子で私の粗相に気づいたと思いますけど、大人の対応をしてくれました。ただ翌朝はどうにもバツが悪かったですけどね」

私はあえて快活に話した。これで彼と同じ立場なのだとアピールしたつもりだった。

「真山さん、それホントの話ですか？」

急に彼の視線が鋭くなった。ここでバレたら元も子もない。

「ええ、焼酎のサイダー割り*が好きで、がぶがぶ飲みすぎたのでしょうね」

私は平然とウソを重ねた。これもこの介護の仕事で身につけたある種の技術である。

焼酎のサイダー割り
実際に好きで、私の場合これだと二日酔いしない気がする。鹿児島では、芋焼酎をお湯割りで飲む人が多く、割合は焼酎6にお湯4が定番。注ぐのはお湯が先か、焼酎が先かしばしば議論になるが、私はどちらでも可。自分が老人ホームに入るのなら、飲酒が許される施設を選びたい。

女性職員から相談を受けたその日の深夜、夜勤で見回りをしていると、島田さんがトイレの洗面所でこそこそ下着を手洗いしている姿を見かけた。翌朝、彼の個室の洗濯物用バケツには半乾きの下着が放り込まれていた。女性職員が指摘した異臭問題はこれで解決した。

ただもうひとつ問題がある。島田さんは、今のところふつうの下着をはいているが、近い将来間違いなく紙パンツを使うことになる。紙パンツをはくように彼を説得するという大仕事があるのだ。

いかに彼のプライドを傷つけないように話をするか、それが難しい。

父が存命のころ、妻から下着を頻繁に汚す父に紙パンツをはくよう話してほしいと言われ、父を説得した経験がある。そのとき、「トイレに行く手間が省けて楽になるじゃないか」と無神経なことを言い、父の機嫌を損ねてしまった。結局、私は説得できず、お世話になっているデイサービスの介護士の方を頼って父を説得してもらったのだった。

最近、周りの職員が「島田さんと仲良しの真山さん」とことさら言うようになった。彼にその話を切り出す大役の外堀が徐々に埋められているようだ。

某月某日　三大欲求：最後の晩餐を何にするか

大山勝さんは医者から食事制限を言い渡された。とくに糖尿の気がある彼の場合、じつに気の毒である。

ご飯も小さな茶碗に、軽くよそう程度、あるいは糖質のない特殊な米を提供したりもする。彼からたびたびご飯の量が少ないと文句を言われるが、医者からの指示ですからと答えるしかない。薬も1回に8錠も服用してもらう。

ある日、就寝前の薬を個室に届けに行くと、たまたまテレビ番組を観ているところだった。

番組中、芸能人が豪華な寿司を食べていた。*

「俺も寿司が食べたい。どうにかならないか」

大山さんがぽつりとつぶやいた。

私の勤務する施設では基本、刺身、貝類など、生ものは出さないことになって

芸能人が豪華な寿司を食べていた
芸能人が各地のグルメを紹介する番組が多くて困る。私たちが施設で提供する栄養バランスを考えた食事と格差があるからだ。番組中、彼らは必ず「美味しい」と連呼する。実際はそれほどでなくても暗黙のルールなのだろう。その点、施設の入居者たちははっきりと「まずい」を表情に出す。

いる。彼の場合、食べ物の持ち込みも禁止である。

「私も長らく食べてないですね」

少々バツが悪くてつい言ってしまった。実際、半年ほど前、回転寿司をつまんだくらいだ。

「今度、こっそり寿司を買ってきてくれないか。お金は払うから」

困った。無理な相談である。中には酒類まで出す老人ホームもあるらしいが、私の勤務する施設は、提携している医者の承諾がなければ、酒どころか、せんべい一枚持ち込めない。

改めてそのことを説明すると、彼は黙ったままリモコンでテレビを消した。なんとも言えない気分だった。すみませんと言い残して部屋から出た。

人間の三大欲求は「性欲」「睡眠欲」「食欲」といわれている。

一般的に、「性欲」は歳とともに衰える。たまに例外の人もいないではないが、彼らが露骨にその欲を表に出すと「いい歳こいて、何をしているのですか。このスケベじじい、エロばばあが」などと周囲から蔑まれることが多い。

「睡眠欲」では、私の施設のお年寄りはよく眠る。そんなに眠らなくてもいいのに、と突っ込みを入れたくなるほどよく眠る。

深夜、容態チェックのためにそれぞれの個室に見回りに行くのだが、彼らの寝顔を眺めるとまるで死に顔のようで、思わず「大丈夫ですか」と声がけすることもある。息をしているのか心配になり、鼻や口元にティッシュをかざし、呼吸を確認したことも何度かあった。

老い先短い彼らは、往生した後、未来永劫、無限の眠りにつけるのだから、生きている間はもう少し覚醒していたらどうかと思うのだが。

寝る子は育つというが寝る老人はどうなるのか。よく眠る老人は長生きの人が多いという話もある。

介護職員としては夜間徘徊などされるより眠っていてくれるほうがありがたい。

さて、「食欲」。

「人生の最後に何を食べたいか」というテーマのテレビ番組が以前あった。

最後の晩餐*。あるデータによると、日本人の最後に食べたいものの3位がステーキ、2位がおにぎり、堂々の1位が寿司。ちなみに飲み物の1位はビールだという。大山さんが食べたがった寿司が1位。なんとも皮肉な結果だった。

最後の晩餐
ダ・ヴィンチが描いた名画の題名としても有名。施設のお年寄りたちに好物を訊くと、ほとんどの人が別になんでもいいと答える。その割には好き嫌いが多く、嫌いなものはだいたい残す。味噌汁の味が薄いと言われ、一度下膳してあらためて同じ物を出したところ「美味しくなった」と完食した人もいた。

以前施設にいた別の男性の場合、病院から認可を受けて、月に何度か、兄弟たちが彼を施設から連れ出して外食していた。そのとき、彼は思う存分、好物のごちそうを食べて満足して施設に帰ってきた。どこの焼肉を食べた、どこのラーメンを食べたと嬉しそうに語ってくれた。彼の生きる目標がその外食だった気がする。

それにくらべて大山さんには彼を外食に連れ出す親戚もいなければ、その前にまず医者からの許可が下りない。本当に可哀想だ。

少しでも彼の希望を叶えられないかと大島施設長と協議していたとき、私の父の記憶がよみがえった。

父の最期は病院だった。亡くなるひと月ほど前、父が突然、カリントウが食べたいと言い出した。職員にどうにかならないかと打診したが、誤嚥の可能性があるからと即却下された。

その病院には作業療法士*など食事介助のプロの資格者がいて、彼らが父に食事を与えている現場を何度も見たが、まるで子ども扱いされているようで、妙に悲しくなったことを覚えている。今は仏前に、カリントウや彼の好物を供えるよう

作業療法士
心身の不自由な患者の身体、精神面のケアをしながら、リハビリを指導、

にしている。

生きているうちに、大山さんが寿司を食べられる日*が来ればいいと思う。このままだと彼は寿司を求めて、施設を抜け出すのではないかと、妙な心配までしてしまう。食べ物の恨みは恐ろしいという。

某月某日　×××に刺青：人は見かけによらぬもの

介護の仕事は主に「飯、風呂、排泄」を中心とした利用者の身の回りの世話である。当然、相手の体にも触るし、その中で彼らの体の異常を察知したり、皮膚のできものや色艶、健康状態にも気を配らなければならない。排泄、入浴、着替えの際も、つぶさに体の隅々まで観察することになる。なるべく女性は女性職員、男性は男性職員という配置になるが、シフトの調整で計画どおりにならないケースも多々ある。

初めて93歳の菊枝さんの入浴介助をした際のこと、思わずあっと声が漏れるく

援助、治療する仕事で、国家資格である。私の施設にはいないが、知人の作業療法士は根気強くてとにかく優しい。若いにこの資格を取得しようと思うところから私などとはきっと人間の出来が違うのだ。

寿司を食べられる日　一度、夕飯に生魚を使わないチラシ寿司を出したことがあったが、残念そうに食べていた彼の姿が印象的だった。

らいに驚いた。彼女は年齢の割に頭もしっかりし、いつもおとなしく、ほかの入居者や職員の評判もよかった。

そんな彼女の左内側の太ももに濃く「佐吉」と彫られた刺青《いれずみ》*があったのだ。それは明らかに男性の名前。一緒に介助していた女性職員は知っていたのだろう、まったく気にする様子もない。

入浴介助終了後、さっそく女性職員にそのことを尋ねた。

「ああ、佐吉のあれね。そうか真山さんは初めてだったのよね、彼女をお風呂に入れるの」

彼女の話では、戦争で亡くなった夫の名前だという。

菊枝さんは淡々と夫とのなれそめから死別の経緯を話したそうだ。

一人息子がいたが、結局再婚もせず女手一つでその長男を育てあげたらしい。

夫の名前を自分の体に刻むことが、彼女の人生にどんな意味を持つのか。戦中戦後、幼い子どもを抱えて生き抜くのが、いかに困難であったか想像に難くない。

「あの穏やかな菊枝さんにそんな過去があったなんてね。俺も初めて聞いたときには驚いたよ」

刺青
以前、任侠社会のヘルパーが活躍する草彅剛主演の「任侠ヘルパー」というドラマや映画があったし、実際に介護職員で腕にタトゥーを入れている人もいる。ただ怖がる入居者もいるわけで、仕事中はその部分が見えないように隠す必要があるだろう。

後日、大島施設長としみじみと話したものだった。

似たような話はほかにもあった。

井上浩一さんは、ロマンスグレーの80歳。中肉中背で若いころ奥さんを亡くしていた。子どもはいなかった。バスの運転手をしていたらしい。物静かな方で、彼が声を荒げるところなど一度も見たことがない。むしろ印象の薄い感じの人だった。

そんな彼が、体の6カ所に小さな刺青と陰部に玉のようなものを入れていた。入浴介助の際も、若い女性職員は見て見ぬふりをしている。もしや、ただのオデキと勘違いしているのだろうか。

以前、職場にいた若い男性ヘルパーと交わした会話を思い出した。

「囚人が刑務所に入っている間、退屈しのぎに、歯ブラシの柄の部分をコンクリートの壁などを使って丸く削って、それを陰部に入れるらしいですよ」*

「入れるって、どうやって……」

「爪楊枝で穴を空けてそこにひょいと」

陰部に入れる
これを「玉入れ」というらしい。受刑者が刑務所に入る段階で、最初から入っているか、いないか、前もって刑務官が検査し、未然に防ぐのだという。これも男性ヘルパーが教えてくれた。

思わず唾を飲み込んでいた。

「痛いだろ?」

「そうでしょうね。不衛生ですから炎症を起こしたり、大ごとになったりすることもあるそうです」

「なんでそんなことを知ってんの」

「いや、井上さんから聞いたんです」

「えっ、彼、前科があるの?」

「いや、昔の仲間から教えてもらったそうです」

なんだかよくわからない話だった。

ほかにも刺青のある入居者はいる。友人の施設でも男女問わず見られるという。ファッションで入れる今の若者と違って、やはり、刺青は世間一般では特殊なモノであった時代。それでも刺青の老人がいることに驚いた。

別に刺青があろうが、陰部に歯ブラシの柄を入れていたからといって個人の人間性とはまったく関係ない。それはよくわかっている。ただ、それにしても、あの井上さんが……人は見かけによらないものだと、つくづく感じたものである。

某月某日　**奇妙な訪問者**：認知症か、それとも…

室田清さんは夜、２人連れの男女が部屋に入ってくると口癖のように話していた。

ところが、とくに怖がっている様子もない。ただの夢だろうと私は受け取ったのだが、彼の話はじつに具体的なのだ。

「その２人は室田さんの知り合いですか」と尋ねると、彼はしばらく考え込み、そしてこんな話をしてくれた。

40年以上前、30代のころ、土木建材会社の営業だった彼は、資材を現場に運んだ帰りに山奥で道に迷ってしまったらしい。

道端に車を停めて途方に暮れていると、若い男女が近づいてきて彼に話しかけた。

まだカーナビもない時代の話である。彼が事情を話すとその男女が道順を詳し

く説明してくれて彼は無事、山中から抜け出し市街地に戻れたという。

彼の部屋に現れるのは間違いなくそのときの2人連れらしい。

「でも不思議ですね。ほんの数分、会話しただけの名前も知らない2人がどうして頻繁に現れるのですか」

話半分に聞いていたが、おつきあい程度に尋ねてみた。

彼は宙を見上げて、

「でも、やっぱり来るんだよ。真山さんがいるそのあたりによく立っている」

足もとを指さされて、ちょっとゾッとした。

室田さんはいたってまじめな性格で、人を担いだり妙な冗談を口にするような人ではなかった。

「でもその2人は室田さんが迷うような山奥でいったい何をしていたのですかね」

「そうなんだよ。11月だったけど、すごい軽装で。ここに来るときもやっぱり同じ恰好だよ」

「やはりただの夢ではないですか。その2人がよっぽど室田さんの印象に残ったのでしょうね」

その程度のことしか言えなかった。

私が勝手に想像した物語だが、彼の話が事実ならば、その２人は彼と会ったときにはすでに亡くなっていたのではないか。そんな気がした。

もちろん彼に私の空想話もしなかったし、ほかの職員と論じたこともない。

ところがその話をしたあと、いつもは睡眠薬がなければなかなか寝付けない彼が信じられないほどぐっすりと眠りにつくのだった。

同じような話はいくつもあって、食事中ある入居者の女性が隣の女性に「女の子が遊びにきてくれたのよ」と肩口を叩き、叩かれたほうも「ほんと、かわいい子ねえ。どこから来たの？」と同じ窓際の空間に語りかけた。もちろんそんな女の子などいるはずはない。

認知症にはさまざまなタイプがあるが、その中にレビー小体型*という認知症があり、このタイプの特徴の一つに誰もいない空間に何物かが見える幻視*がある。そして顕著なのは、赤い着物を着たお人形さんみたいな少女を見ることだという。これはよくあるケースの一例として介護のテキストにも書いてあった。

レビー小体型
幻視、体の動作が鈍くなるパーキンソン病、妄想などが特徴で、認知症の高齢者だけの病気ではない。幻視が見えている場合、否定せず彼らの気持ちに寄り添って言葉がけをすることが必要と教わった。実際に、否定するとバカにされたと怒り出す人がいる。

幻視
見えるものには、子ども、動物、人など、身近で動くものが多いという。入居者の中によく魚が見える人がいて、「出ていけ」と空間に向かって叫んでいた。どんな魚なのかと尋ねるとタイやヒラメだという。

まだ介護の仕事を始めて半年も経っていないころの経験だが、テキストどおりだと妙に感心したものだった。

また深夜、容態チェックのため個室を見回っていたとき、それまで眠っていた男性がぱっと目を開け、「坂本さんが挨拶に来たけど、彼元気?」と私に話しかけてきたことがあった。坂本さんは同じ施設に入居している89歳の男性だった。私は寝ぼけているだけだと思い、適当に対応した。

ところが翌日、その坂本さんの容態が急変し病院送りとなった。

その2人の仲が特別よかったかといえばそうでもない。不思議に思い、彼に再度問いただすと、「そんなこと知らん」とまったく記憶にないという。

こんなとき私は、カオスな空間*に入り込んだ感覚を覚える。

ところで、その後、1カ月ほどしてから室田さんは、家族の事情で別の施設に移ってしまった。

私は、その2人連れもきっと新たな施設でまた彼のもとへ現れるのだろうと想像した。

カオスな空間
認知症の人たちはある意味、混沌とした状態にいて、毎朝「あんた誰?」と聞いてくる人もいる。彼らを覆うぼんやりとした霞を払う役目をしなければならないと思う。

某月某日　施設選び：入る側と受け入れる側の視点で

国の財政難から介護認定の基準も以前より厳しくなっている。実際、私の友人の親は、身体の状態は変わらないのに介護度を一つ下げられたという。
私の父も、母に先立たれ、一人暮らしが困難になり同居を決めたが、私たち夫婦も共働きだったので、週に数回のデイサービスの世話になりながら、老人ホーム探しを始めた。今から8年前の話である。

老人ホーム探しの前にデイサービスの施設を選ぶ必要があった。囲碁が得意だった私の父が、デイサービスを利用することを承諾した条件が囲碁を打てる相手がいることだった。

ある施設の担当者が「ちょうどいい相手がいますよ」と誘ってくれたところがあった。そこに決めたのだが、帰ってくるなり父は「たしかに相手はいたが、五目並べ程度の低レベルのボケた老人だった」と憤慨していた。

ただ契約した以上一日で辞めるわけにはいかない。父は「まんまとだまされた」と言いながらしばらくその施設に通った。今思うと可哀想なことをした。

父は持参した本を広げてうたた寝をするか、ひたすら壁を見つめていたらしい。大規模な老人ホーム内のデイサービスだったが、あとで聞いた評判もあまり良くなかった。

デイサービスでの失敗を活かし、今度は慎重に施設選びをしようと思った。まず家から近く、年金で賄える料金、入居条件などを考慮し、施設を見て回った。どの施設も立派なパンフレット、ホームページを作っていた。老人ホームの探し方を扱った書籍を読み、現場で見た印象と、本で学んだ知識をもとに、数カ所の施設にあたりをつけて、さらにその中から3カ所に絞って申し込んだ。人気のある施設は100人待ちなどざらだった。

3年ほど待ったが、父は結局、老人ホームに入る前に病院で亡くなった。

それからしばらくして、申し込んでいた施設2つから空きが出たと連絡があった。

すぐに父が亡くなった旨、報告したのだが、2つの施設の対応の差に驚いた。

一つは父の死に対して丁寧な弔意を述べ、面接の際の父の様子などこまめにメモしていたらしく、在りし日の父のことなどをしばらく話した。

もう一つの施設の担当は「あ、そうでしたか。では、キャンセルで」の一言だった。

あれから8年が経ち、私は現在、受け入れる側の施設で働いている。つまり両方の立場で老人ホームを見ることができるのだ。

両方の立場で老人ホームを見た私なりの、施設選びのポイントを述べてみたい。

ふだん生活している入居者の部屋を見せる施設も多いが、ここに裏がある。見学できる部屋は、当然、その部屋の入居者から承諾を得ている。つまり優等生のモデルルームのようなものなのだ。

できたら、それ以外の入居者の部屋*ものぞいてほしい。プライバシーの観点から難しい点はあるが、たまに個室のドアが開けっぱなしの入居者などいるものである。

面倒でも、とにかく何度も足を運んで、入居者、職員をよく観察するのがいい。なんとなく彼らの表情で良し悪しがわかるものなのだ。

入居者の部屋
入居者の個室はほぼ同じ間取りなのに、部屋に入った瞬間、まったく違った印象を受けることがよくある。きちんと片付いた部屋もあれば、泥棒にでも入られたのかと疑いたくなるほど、とっ散らかった部屋もある。不思議なのは部屋の様子とそこに住む入居者の人柄にギャップがあることだ。上品そうな女性の部屋が足の踏み場もないほど散らかっていたのには驚いた。

職員をつかまえて、「本当のところどうですか？　たとえばあなたの親をこの施設に入れたいですか？」とストレートに訊く方法もある。遠慮はいらない。意外と、その施設の体制やサービス内容、待遇に不満を持つ職員がいて、本音で事実を話してくれたりするものである。

施設側からの視点も触れておく。

面接の際、入居する本人の介護度や人柄などを観察するのだが、じつは連れてきた家族にも重点をおいて見ている。

本人を厄介払い*するために入居を希望していないか。入居してからも細々した相談をする場合があるため、面倒がらず対処してもらえるか。そして何より、入居利用料をきちんと払ってもらえそうな親族かどうか。

利用料の支払いが悪い人もいるらしく、うちの施設の入居希望者の面接担当・大島施設長や北村は、身元保証人である家族の様子や仕事、入居者との関係性など、それとなく仔細にわたって聞き出すのだと言っていた。

コロナ禍の中、施設経営も厳しいものがあるらしい。感染防止のための加湿器、空調などの新たな設備設置の費用負担や、換気・消毒など役所からの指導に沿っ

本人を厄介払い
友人が勤務していた大規模施設での話。入居者の親族から「お金さえ払えば、あとは葬式までそちらで全部面倒みてくれるんでしょ」と丸投げされた上に支払いも滞った例もあったという。

た防止策の徹底、さらにデイサービスを含む通所サービス利用者の利用控えなどが経営を圧迫する要因になっているという。

某月某日　コロナなべの中には：思いもよらぬ逆転現象

全国的にコロナ感染が拡大しつつある中、当初感染者が出なかった私の住む鹿児島では、日ごろから桜島の降灰で肺が鍛えられているからだとか、地元の芋焼酎で消毒しているからとか、鳥刺しを食べる食習慣のおかげでウイルスに強い県民性であるなど、冗談のような噂がまことしやかにささやかれた。

感染者が出てからは、看護師や介護職員がまだ公になっていないコロナ情報（○○町で感染者が出た、××のイベントが中止になるなど）を知っているのが不思議だった。

今考えてみると、蛇の道は蛇で、介護職や看護師は複数の施設を渡り歩いた人が多く、医療関係者とのネットワークもあり、コアな情報がいち早く入手できるのだと納得したが、守秘義務があるにもかかわらず人の口に戸は立てられないのだなと思ったものである。

新型コロナ以前は、インフルエンザ、ノロウイルス予防の対策が中心で、これらが発生した場合の対処など何回も研修があったが、最近ではコロナ対策一辺倒になった。

うちのような入居者が10名ほどしかいない小規模型の施設で「3密」を回避するのは難しくはない。それでも換気、消毒など徹底してやっている。換気は大切だが、お年寄りは寒いとすぐに風邪をひくので室温調整がたいへんである。

冠婚葬祭などで県外の人と接触があった職員は、強制的に10日間は休みを取ることになった。

これまでは、介護用具会社の社員が商品納入で訪れ、入居者と世間話などしていたが、今は玄関先で受け取りをしている。彼らの中に入居者に人気のイケメン男性がいて、彼から声がけされて喜んでいた女性入居者もそれがなくなり、残念がっている。

お局・北村は、相変わらず鼻息が荒く、「コロナが来たら全滅よ*」「わがまま言

全滅よ 高齢者たちの中には昔、

うとコロナになるよ」とコロナを脅し文句に使い、職員や入居者たちを怖がらせている。

私も入居者が手洗いや服薬を拒んだりすると、マスクをおでこまでずらして幽霊の真似をしながら、「言うことを聞かないとこうなってしまいますよ〜」と真顔で言う。少しやりすぎの感はあるが、何回やっても新鮮に驚いてくれる効果がある。

入居者の中には月に3、4回、面会者がある人もいれば、誰ひとり会いに来ない「姥捨山《うばすてやま》状態」の人もいる。

入居者がリビングに集っている折、親族が面会に来たりすると、その人は周りに対してどこか優越的な態度で、声も極端に大きくなる。その一方で、まったく誰も会いに来ない人は、その様子を舌打ちしながら冷ややかな目でにらんでいた。

ところが、コロナ以降、逆転現象が起こった。親族の面会が禁止になったため、それまで誰も面会に来なかった入居者が、よく面会があった入居者に対して、「最近、娘さん夫婦、来なくなりましたね」などと勝ち誇ったかのように言う。

また、高齢者施設でコロナのクラスターが出て入居者が亡くなったという

結核などで親類縁者を亡くした人が多い。そのような経験から今回のコロナにも恐怖を感じているようだが、「全滅」は言いすぎだろう。

ニュースを観ると、「ここは大丈夫ですよね」と何度も私に確認する人もいる。どういうわけか嬉しそうなのだ。

その施設が高級そうな施設だとなおさら嬉しそうに「お年寄りはすぐに死ぬのよね」と憐れむように言う彼女は今年85歳。きっとまだまだ長生きするだろう。

コロナ以前は、施設内ばかりだとさすがに入居者が退屈するので、たまに外出するイベントもあったが、コロナ以降、外へ出かけることはほぼなくなった。歩行訓練も施設の庭に限られる。

歩行が困難で、外に出られない入居者は、みんなが外に出られない現状を喜んでいるフシがあり、「コロナで今年の花見*は中止よね。みなさん、楽しみにしていたのにね」と、ここにも逆転現象が見られる。

あるとき、テレビを観ていた入居者から「コロナなべの中って、どんな具が入っているの、美味しいの?」と訊かれて面食らった。テレビ画面には「コロナ禍の中」と大きな文字が映っていた。

今のところ、まだ私の近辺でコロナに感染したという話は聞かない。

最近、年金受給を開始し、少しずつ仕事を減らす腹づもりでオーナーに相談し

花見
施設の外に出て、季節を肌で感じられる機会でもある花見を楽しみにしている入居者は多い。ただ同行する職員のほうは、車イス用トイレの空き状況などに気を配らなければならず、桜を見ている余裕などない。

たという大島施設長だったが、「コロナ禍でもあり、今までどおり仕事を続けなさい」と却下されたという。

人手不足にコロナ対応も重なり、職員のシフト調整は悩みのタネである。施設長の仕事量が減ることは、ほかの職員の負担増に直結する。オーナーの判断に私は内心ほっとしている。

某月某日　「先生」と呼ばれて：ホラとホラの間に

80歳の桐山藤十郎さんには、たまに軽い認知症の症状が見られ、また右半身に麻痺があるが、見た目はごくふつうの老人。

問題は彼の性格。とにかくいい加減で、何事にも適当な人物だった。なんでこんな男性の入居を認めたのだろうと彼が来て1週間後には私を除く職員全員が思ったに違いない。

朝寝坊で、わけのわからないホラ話をする。女性職員のお尻をなでる。まるで

だらしない大学生の部屋みたいに散らかし放題で、清掃すると怒る。

そんな彼だがじつは私は彼が嫌いではなかった。「私を除く」と書いたとおり、ほかの職員には隠していたが、彼とは妙に波長が合った。

すべて本人の弁だが、彼は「先生」と呼ばれていたらしい。弟子も20人ほどいたという。

藤十郎さんには私と同世代くらいの友人が数人いて、よく彼の部屋にいろいろなものを運び込み、ジャズやロック*を流し、楽しんでいる。

彼は夜、DVDのエロビデオを観ていて、私も一緒に観ないかと何度も誘われたが、仕事中なので当然断った。

「先生だったのですか」

夜勤で藤十郎さんと二人きりになったとき尋ねてみた。

すると、彼は弟子たちと撮った証拠写真があるといって、一枚の写真を取り出した。

たしかにそれは30名ほどの集合写真で、彼はその中心に映ってはいたが、観光バスツアーの旅行の最中に撮影したものだとすぐにわかった。旗を持ったバスガ

ジャズやロック
高齢者は、懐メロや演歌、童謡しか聴かないと思っている人は多いと思う。だが、ロックを聴いているのが若者だけではないように、ジャズやロック、ポップスが大好きな高齢者は多い。高齢者ほどそのジャンルについて息の長いコアなファンだったりする。この仕事に就いてそれを実感した。

イド以外にも、どう見ても旅行中の夫婦らしきペアが何組もいたのだ。ただ、それを指摘しても仕方がない。

年齢の割に彼は筋肉質で体格もよかった。１７０センチで体重が75キロほどある。頭は白髪の薄ハゲ。若いころは二枚目だったかもしれない。俳優の三國連太郎を柔らかくしたような顔である。

見かけや体つきから何かの武道をしていて、その先生だったのだろうと勝手に想像したが、そうではなく子どもに自己流の墨絵を教えていたらしい。その腕を買われ、広告看板を描いていた時期もあったという。これも本当かどうかわからない。

とにかく彼の話は支離滅裂だった。結婚を3度、4度したと言ったかと思えば、生涯惚れた女は2人だけだったと訂正を加える。うち一人は外国人だったそうだ。仕事を13回変わったと言ったかと思えば、舌の根も乾かぬうちに会社を４つ経営していたなどとうそぶく。

職員の誰も彼の話をまったく信じなかったが、私は彼の話の中に少なからず真実が含まれていることを感じ取っていた。彼の語る内容は、ほかの老人たちが話すような自慢話の類ではなかったからだ。いやむしろ失敗談のほうが多かった。

彼は、私にとって、いつも笑わせてくれる*ユニークなじいさんである。

介護の仕事をしていて良かったと思えることの一つに、人生の先輩の話を聞けることが挙げられる。ただしそれは、成功した人の立身出世の話だけではなく、失敗談や老いによる弱音、不安な心情などを話してくれる人がいるからである。失敗だらけの私の経験と重ねると、しみじみと効いてくる。

長く生きていると、葬儀などで坊さんの説法を聞く機会が増える。

最近では明らかに20代と思われる若い坊さんもいて、説法の内容以前に、どうにも納得できない自分がいる。

やはり坊さんは多少、歳がいっていて、声も重厚で見た目も風格があったほうが好ましい。若い坊さんが人生訓などたれると「若造のくせに偉そうに」と思うことがしばしばあった。「見た目や年齢で人を判断するのか」と批判されそうだが、私にはそんな部分もないとはいえない。若い坊さんの説教を聞くくらいなら、施設の入居者の話のほうが効くことがある。

藤十郎さんは昔、正月のころ自作の門松やしめ縄を売ってかなり儲かったとい

いつも笑わせてくれる
ユーモアのセンスというものは、その人が生まれて生きてきた環境で培われるものだと思う。さらに受け取る側の感性との相性もある。藤十郎さんのユーモアがまさにそれで、私は彼と話すのが楽しかった。

う。材料は適当に山林や畑から「採って」きたらしい。ただこの「採って」が「盗って」のほうではなかったかと思われるフシが多分にあった。

なぜなら必ず「あのころはいい時代だったよ、周りの人たちが大らかで」を会話の頭につけるからだった。

彼はたしかに手先が器用で、タバコの箱を利用して飾り物の傘などを作ったり、ハーモニカを起用に吹いた。特許も２つ持っているそうで、ネットで知的財産を閲覧できるサイトで調べたら本当に彼の名前があった。じつに多才な人だ。

藤十郎さんとの会話が弾んだのは、彼が広告の会社を経営していた時期があると打ち明けたからだった。前述のとおり私も広告取りの仕事をした経験がある。

哀しいかな彼の会社は数年で倒産したという。そんなことも赤裸々に話す。

彼が発案した広告の評判がよく、そのうちクライアントであるスーパーの社長が新聞折り込みチラシの数量や予算、配分まで藤十郎さんに任すようになったらしい。

スーパーの売上げは毎年右肩上がりで、社長の彼への信頼は絶大だったという。

そのうち、ちゃっかり印刷部数を多めに計上し、印刷代、新聞の折り込み代金まで増額して請求していたそうだ。そんな状態が数年続き、その1社だけでかなり売上げたという。

彼がにこやかに話すのを聞きながら、それって犯罪ですよね？　とか、あんた、いったい何者？　と心の内で突っ込む自分がいた。

「でも、それが会社側にバレてしまってね」

ほら、やっぱり。

「何が原因で？」

「いや、調子に乗ってある地方の村に一切チラシを折り込まなかったんだよ。そんなところから遠路はるばる市内のスーパーまで客が来るはずはないと思ったからね」

「それで」

次の言葉を待った。

「いやね、そのスーパーの社員の実家がたまたまその村で。法事で帰省したとき、自社のチラシの話題になって。実家の人がそんなチラシ今まで見たことがないって言ってさあ。それで俺のズルが発覚してしまってね」

彼はまるで他人事みたいににこやかに話す。

「そうですか……」

「いや〜、社長がじつにいい人でね。君のチラシの奇抜なアイデア*でここまでうちの会社の業績が伸びたのだから感謝しているよ。こちらのチェック体制が甘かったことも原因の一つだしね。今後は心を入れ替えて継続して頑張ってくれって励まされちゃって」

「でも倒産したのですよね」

まさか藤十郎さんは、社長の寛大な処分にもかかわらず、懲りずに彼の言う「ズル」を繰り返したのではないか。

となるとさすがに藤十郎さんをただの「ユニークなじいさん」では片づけられないと思った。何ごとにも限度がある。これは人としてのモラルの問題だ。この施設で悪事を働かれても困る。

「地方都市の広告とか印刷とか狭い業界だからね。すぐに噂が広まって、スーパーの役員たちの耳に入って、結局、地元で仕事ができなくなったんだよ。俺も少しは反省した*しね。人生甘くないね」

チラシの奇抜なアイデア
私もしばらくの間、広告業界にいたので、少しはわかる気がする。折り込みチラシは、同じサイズのチラシごとにまとめられるため、興味のない人は、その束を丸ごと捨ててしまう。そこで私はわざと規格外の変形サイズのチラシを作り、目にとまるように工夫したりしたこともある。

少しは反省した
本来なら、猛省すべきところだと思うのだが、逆に彼の素直でいい加減な性格が言葉の端々に垣間見えて私は好きだった。これも相性なのだろう。

彼の話の結末を聞いて、どこかでホッと胸をなでおろす自分がいた。

かえすがえす、しょうもない話ばかりで、これも彼特有のホラ話の中の一つなのかもしれない。

でも人間の情けない部分、弱い部分、強欲な部分、そんな一面を仕事中に見るのがじつは楽しかったりする。

それはある意味、現時点の自分を顧みるきっかけになっている。目の前にある未来の写し鏡に、今も不完全な自分の姿が映っているような気がしてならないのだ。

あとがき――それでもなぜ続けているか

これまでさまざまな高齢者について書いてきた。中には彼らを「面白おかしく」取り上げたケースもある。それは老化とともに認知症などの症状が現れ、ふつうでは想像もつかないユニークな言動*をするからである。

「介護の仕事をしながら、利用者に対してそれは失礼だろ」と言う人がいるに違いない。

たしかに、施設利用者やその関係者に言わせれば、不謹慎ととらえられるかもしれない。

そして、介護従事者からの批判もあるだろう。

「そもそも介護の仕事をなめている。介護がお気楽な仕事と勘違いされかねない。避けては通れない『弄便《ろうべん》』の話などには一切触れてないぞ」と。

弄便とは、文字どおり便を弄《もてあそ》ぶことを指す。

ユニークな言動
認知症によるものだと割り切れず、真正面から受け取ってしまい、ストレスを抱え込み、離職した若い職員もいた。彼からは「真山さんみたいにいい加減にできないんですよ」と皮肉を言われた。

認知症が進むと便に対する認識が薄れる。またオムツ内に失禁したときなど、不快感や羞恥心からそれを取り除こうとか隠そうとして指で触って汚してしまう。それを服や壁などで拭き取ろうとする。

私は、今まで入居者の弄便の処理をしたことはない。

「ほら、その程度の経験で介護の現実を語るなんて10年早いよ」と、さらにお叱りがあるだろう。

たしかにそうかもしれない。それでもあえて言いたい。

毎日深刻に真正面から彼らの「老い」や「認知症」と向きあっていては、それこそこちらのメンタルが持たない。面白がるくらいでないと、とてもこの仕事は続けられない、それは正直な感想である。

介護の世界以外でもさまざまな人間とたくさん関わってきた。多少、ズルイ仕事も経験し、人からだまされたこともある。知人の何人かは夜逃げし、中には自ら死を選択した人もいる。

私より経験も実績も知識も豊富な介護職員はたくさんいる。この業界に数十年という人や、20代で介護福祉士の資格をとって活躍している人もいる。私には到底及びもつかない。

しかし、生きてきた長さ、失敗の多さでは負けていない。

本文中に登場する私の伯母は、亡くなる直前まで暮らした施設の男性職員に対し憐憫《れんびん》の情を抱いていた。大の男が他人のシモの世話をするなど、彼女の感覚では考えられなかったのだろう。

「ほかに仕事はなかったのかねぇ」と私にこっそりささやいたものだ。

私の今の姿を見たら、彼女はなんと言うだろうか。

職業に貴賤はない。建て前ではそうだが、一般社会の意識がそうでないことは周知の事実だ。

子どもがなりたい「人気職業ランキング」で、ユーチューバー*やプロ野球選手、公務員やITエンジニアと肩を並べて介護職が入ったという話は聞いたことがない。今後もないと思う。

それでも、そんな不人気職に私は従事している。現場で起こる多少のアクシデントでは驚かない。利用者の暴言や暴力、上司のハラスメントにも耐えられる。

これはやはり経験値からくるものだと思う。

ユーチューバー
最近では、高齢者のユーチューバーも活躍していると聞いた。彼らは時間にゆとりがあり、また人生経験も豊富で話術に長け、若者とは一味違った見せ方ができるからだという。ただそのためには健康で頭もクリアである必要がある。

他人の糞尿処理をやりたい人などいるはずがない。

では、なぜ私はこの仕事を続けているのか。

もちろん生活のためではある。

しかし、よくよく考えてみると、私は人と関わることが好きな性質《たち》なのだ。高齢者の語る人生の来し方を聞くこと、それが事実であろうがなかろうが、私は会話がしたいのだ。そして、その中で彼らの人生に触れられることが喜びなのだ。

私は決して褒められた介護職員とはいえない。だが、私のような介護職員がいてもいいのではないかと思う。

あと数年で私も高齢者といわれるようになる。

これまで情けなく反省の多い人生だった。それでも私はいささかも後悔などしていない。なぜなら、そのときどきを私は必死に生きてきたからだ。

私はこれからもまだこの仕事にしがみつく。

2021年3月　真山剛

真山剛◉まやま・ごう
1960年鹿児島県生まれ。大学卒業後、デザイン事務所勤務、建設コンサルタント役員、居酒屋経営などを経て、56歳のときに「介護職員初任者研修」を取得し、介護の世界へ。以来4年のキャリアを積む、九州の介護施設に勤務する現役介護職員。この仕事に生きがいを感じ始めた、なんてことはまったくない。それでも続ける理由を本書に綴る。

非正規介護職員ヨボヨボ日記

二〇二一年　五月　一日　初版発行
二〇二一年　九月二二日　八刷発行

著　者　真山剛
発行者　中野長武
発行所　株式会社三《さん》五《ご》館《かん》シンシャ
〒101-0052
東京都千代田区神田小川町2-8　進盛ビル5F
電話　03-6674-8710
http://www.sangokan.com/
発　売　フォレスト出版株式会社
〒162-0824
東京都新宿区揚場町2-18　白宝ビル5F
電話　03-5229-5750
https://www.forestpub.co.jp/
印刷・製本　中央精版印刷株式会社
©Go Mayama, 2021 Printed in Japan
ISBN978-4-86680-917-5
＊本書の内容に関するお問い合わせは発行元の三五館シンシャへお願いいたします。
定価はカバーに表示してあります。
乱丁・落丁本は小社負担にてお取り替えいたします。

交通誘導員ヨレヨレ日記

当年73歳、本日も炎天下、朝っぱらから現場に立ちます

交通誘導員 柏 耕一 著

「誰でもなれる」「最底辺の職業」と警備員が自嘲するその実態を悲哀と笑いで描く

10刷

派遣添乗員ヘトヘト日記

当年66歳、本日も〝日雇い派遣〟で旅に出ます

派遣添乗員 梅村 達 著

「仕事がなけりゃ収入ゼロ」なげきの日雇い派遣。ほとんど憂鬱、ときどき喜び

4刷

メーター検針員テゲテゲ日記

1件40円、本日250件、10年勤めてクビになりました

元メーター検針員 川島 徹 著

「あと数年でなくなる仕事」検針員がえぐりだす労働と人生のリアル

4刷

マンション管理員オロオロ日記

当年72歳、夫婦で住み込み、24時間苦情承ります

マンション管理員 南野苑生 著

「若者はまずやらない仕事」住民の不服、苦情、その最前線

7刷

4点とも定価：1430円(税込)

全国の書店、ネット書店にて大好評発売中

(書店にない場合はブックサービス℡0120-29-9625まで)

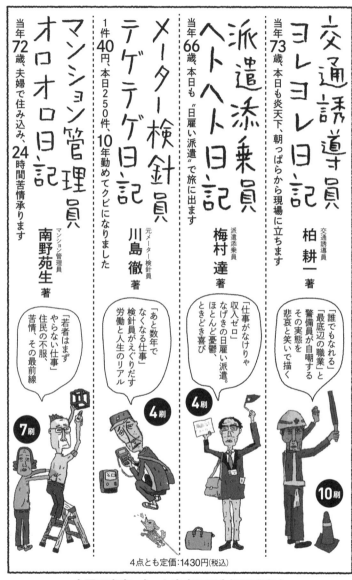

出版翻訳家なんてなるんじゃなかった日記

ベストセラー『7つの習慣 最優先事項』の翻訳家は、なぜ業界を去ったのか？

出版翻訳家という仕事の喜怒哀楽が詰まった一冊。読者は著者と共に、出版の成功を喜び、ひどい編集者に怒り狂い、冷酷な現実を哀しむことになる。間違いなく言えるのは**ページをめくるのが楽しい本**だということ。先が気になって一気に読んでしまった。本書には衝撃的なラストが待ち構えている。

——**古市憲寿**（社会学者、作家）

ドキドキするが、ハチャメチャに面白い!!! 最高に読みやすい。すごい疾走感。じわじわと襲ってくる笑い、怒り、焦燥感……とにかくジェットコースターのようにアップダウンが激しい一冊。爆笑ポイントが多すぎて電車内では絶対読めない。クラクラする。あ～、最高だわ。

——**村井理子**（エッセイスト、翻訳家）

各界より絶賛！

出版翻訳家
宮崎伸治 著

定価：1540円（税込）　イラスト：伊波二郎

全国の書店、ネット書店にて大好評発売中
（書店にない場合はブックサービス℡0120-29-9625まで）

家族構成があの頃のうちと一緒だ…
ここで止まらないでくださーい

交通誘導員ヨレヨレ日記

漫《まん》画《が》

柏耕一 原作
植本勇 漫画
堀田孝之 脚本

第21話「花火大会」

ベストセラー『交通誘導員ヨレヨレ日記』が
マンガになって新登場！

「トイレ掃除」「お金の話」など
原作に加えて、本の発売以降を描く
「後日談」も収録の全22話

定価：1320円（税込）

イラスト：伊波二郎

全国の書店、ネット書店にて大好評発売中
（書店にない場合はブックサービス☎0120-29-9625まで）